峰值体验 2

汪志谦 朱海蓓

著

中信出版集团 | 北京

图书在版编目（CIP）数据

峰值体验 . 2 / 汪志谦，朱海蓓著 . -- 北京：中信出版社 , 2025.6. -- ISBN 978-7-5217-7461-0

Ⅰ.F713.56

中国国家版本馆 CIP 数据核字第 20255ES885 号

峰值体验 2
著者： 汪志谦　朱海蓓
出版发行：中信出版集团股份有限公司
（北京市朝阳区东三环北路 27 号嘉铭中心　邮编　100020）
承印者：　河北鹏润印刷有限公司

开本：880mm×1230mm 1/32	印张：10	字数：172 千字
版次：2025 年 6 月第 1 版	印次：2025 年 6 月第 1 次印刷	

书号：ISBN 978–7–5217–7461–0
定价：68.00 元

版权所有·侵权必究
如有印刷、装订问题，本公司负责调换。
服务热线：400–600–8099
投稿邮箱：author@citicpub.com

目录

推荐序一 / 吴军   IX

推荐序二 / 王兵   XIII

推荐序三 / 陈小雨   XV

序   胜率更高的确定性算法   XIX

第 1 部分　品牌战略

第 1 章
增量／存量双增长的战略思维　003

- 存量的幸存者偏差，增量的首单即终单　005
- 第一性思维，打开黑巧克力的全新赛道　010
- 视角决定战场有多大，底层逻辑决定视野有多宽广　013
- 百亿企业连续做对 11 件事，转化率从 33% 到 86%！　015

- 弄清楚300，你才有选项；弄清楚290，你才是行业顶尖　018
- 洞察，是要找到做哪些事，会有大增长而且不复杂　020
- 小结　021

第2章
关键底层逻辑：第一性原理　023

- 用第一性原理去洞察人、货、场　024
- TA跟产品要双向贴标，不同权重才能精准预测　029
- 消费者要的是交付，而不是服务　032
- 标签要来自第一性的"人、货、场"思维　034
- 马斯洛动机七情层层叠加，才是大赛道　038
- 消费者十"装"　041
- 增量用情绪场景启动，存量要让消费者"装"起来　045

第3章
洞察，让企业有所选择　049

- 系统1和系统2，帮助你洞察出6种不同消费者　051
- 4个"没有"是四大维度的最大障碍　055

- 进店率，最怕"没有印记"　057
- 风吹印记拉增量，进店要吹 6 种风　058
- 进店的十大印记　062
- 转化率，最怕"没有透传"　065
- 转化的十大障碍　066
- 首单体验六问　068
- 复购率，最怕"没有差异"　070
- 复购的 10 个值了时刻　071
- 推荐率，最怕"没有故事"　076
- 如何利用洞察，挖出 300 个 MOT？　078
- 洞察 i 画布　087
- 小结　090

第 4 章
做品牌就是要把自己变成锚　092

- 落地解码，植入人心；"锚"是一切事物的参照点　093
- 锚 + 启动效应 = 快速进入心智　094
- 十五锚加速决策，"人、货、场"各有各的锚　095
- 品牌联名：以锚破圈，进入增量市场　098

第 2 部分 三大变量

第 5 章

品牌战略三大变量之一：选对人　　103

- 再买 2、3、4：BTA 一买再买的产品布局　106
- BTA 九宫格，找到你的大传播者　107
- 名利双收、人财两得的 TA 战略思维　110
- 五大收益目标客户　111
- 三破：破圈、破解、破局　114
- 选对人，就两件事　116

第 6 章

品牌战略三大变量之二：做对事　　118

- 选择 MOT 的思维概念　119
- 选择 MOT 的 10 个原则　122
- 确保最重要的事，是最重要的事　131
- 品牌轮蓝图：金榜与黑榜　132
- lollapalooza 效应　137

第 7 章

品牌战略三大变量之三：说对话   141

- 选择品牌信息的 5 个思维 142
- 资讯理论：高熵信息、高信息增益 144
- 深层处理植入心智，浅层处理启动注意力 148
- 四大维度挑 3 个信息：品牌词破圈，品类词入行 149
- 辨识度 151
- 选择品牌信息的 8 个原则 153
- 让品牌魂体合一 154

第 3 部分　落地变现

第 8 章

找到你的美，放大你的美；植入心智，产生行为   157

- 洞察就是找到你的美，落地就是放大你的美 158
- 体验设计两件事：植入心智，产生行为 159

第 9 章
产品画布与
12 个 MOTX 落地点   163

- 品牌轮 MOTX 产品画布：吸睛、流量、利润、经典产品   164
- 如何做出峰值体验的 12 个落地点？   167
- 进店维度的 MOTX   170
- 转化维度的 MOTX   172
- 复购维度的 MOTX   176
- 推荐维度的 MOTX   182

第 10 章
落地的战略模型：
X3 画布   187

- 第三版 X 画布   188
- X 画布解读   193

第 11 章
企业实战：
洞察 i 画布 + 落地 X3 画布   195

- SO NICE 都市时尚女装 | 洞察 i 画布   196

- 打造爆款美白冰纱衣｜落地 X3 画布　203
- cama 咖啡店｜洞察 i 画布　212
- 高熵＋高信息增益组合拳｜落地 X3 画布　217

第 4 部分　企业 & 线上

第 12 章
B2B 品牌的关键时刻　225

- B2B 的第一性：高效、省钱、出结果、能复制　225
- B2B 的 10 个值了　232
- B2B 的底层逻辑：三复四效与品牌三大变量　235
- 四效：分发效率、算法效率、迭代效率、人才效率　239
- B2B 的 5 个洞察主体　241
- B2B 在四大维度中的 5 种角色　243
- B2B 的洞察 i 画布　246
- B2B 的 10 个 MOT　251
- B2B 交付时的 8 件事　259

第 13 章

关键时刻在线上　　262

- 线上六大误区　263
- 洞察 | 线上进店八问　267
- 洞察 | 线上转化八问　270
- 落地 | 线上进店八招　273
- 落地 | 线上转化八招　278

第 14 章

MOTX 峰值引擎　　282

- MOT 是一把手工程　283
- 落地 6 件事　287
- 打造 MOTX 团队　291

结语　　293

推荐序一

自工业革命之后,人类就进入供大于求的状态——把商品生产出来是一件相对容易的事情,把它们卖出去却非常困难。今天,很多厂家生产出不错的商品,就是卖不出去,有的不得不贱价抛售,有的花了很多市场推广费用,最后销售额连广告钱都赚不回来。不仅商品如此,服务也是如此。在信息革命之后,能提供服务的企业多如牛毛,很多不错的服务即便免费,也没有人使用;为了让人们来试一试,服务提供商甚至要送钱给用户。但是,很多时候,花钱买来的生意常常是首单即终单,没有了下文。

但另一方面,很多企业又赚得盆满钵满,钱多到不知道该怎么花。2025年,谷歌宣布回购700亿美元的股票,因为赚的现金实在太多了;2024年,它也做了同样的事情。这还不是最多的,2024年和2025年,苹果公司分别回购了1 100亿和1 000亿美元的股票。给股东发钱都如此大方,赚的钱自然更多了。

是什么造成了企业的两极分化？如果你去看每一家成功的企业，它都有自己独特的做法。但是如果你仿照其做法行事，并不会成功，最后是画虎不成反类犬。你如果仔细研究，就会发现每一家成功企业的营销策略都不相同，但是它们背后应该有一些共同规律。人们通常看到的其实都是表面现象，很少有人能够发现其底层规律。而汪志谦教授的《峰值体验2》解释了市场营销的本质规律。

汪志谦先生是大学教授，在多所大学任教并从事研究工作。同时，他也是多家企业的顾问和品牌营销战略的制定者，有着坚实的理论基础和实战经验。在《峰值体验2》一书中，汪教授总结出一整套产品营销的底层逻辑和便于大家操作的实用方法。

汪教授营销策略的核心是关键时刻（MOT）。关键时刻的概念由北欧航空公司前首席执行官卡尔森提出，它指的是客户与企业的各种资源发生接触的那一刻。这个时刻决定了企业的成败。比如，一位顾客在接受某家企业的服务时会与一些人员接触，平均接触的时间其实很短，甚至不到一分钟，但这很短的时间就是关键时刻，它决定了整家公司在顾客心中的印象，以及他们是否认可公司的产品和服务。

要利用好关键时刻，首先要做好买卖双方的匹配，或者说需求和商品、服务的匹配。汪教授根据自己的实战经验，把它总结为人、货、场。人和货好理解，那什么是场呢？汪教授在书中举了一个有趣的例子。

不少人用手机听音频的相声，你以为他们真的是想听相声里的段子吗？很多人是半夜听，目的是入眠。相声是货，入眠则是场。如果你是一家推荐引擎的开发商，看到有人听相声，就给他推荐评书、小品、笑话等类似的内容，那么你的认识只停留在"货"这个层面。你如果能意识到他真实的需求是入眠，给他推荐些入眠的内容，比如白噪声，就能真正满足用户的需求。了解场的意义，营销就能提高一个层次。一家企业，如果在关键时刻能够做好人、货、场的匹配，这个关键时刻就没有被浪费掉，生意的转化率就能得到提高。

达成生意的关键时刻很多，一家企业不可能改进所有的关键时刻，因此就需要找到其中的重点。这是利用好关键时刻的第二个要诀。

要做好营销，就需要了解人性，比如人们都希望自己在外人面前显得体面。为了显得体面，就会有消费的需求。再比如，人们都喜欢即时享受，不喜欢等待，喜欢确定性，不喜欢不确定性。从这一点出发，商品和服务就要能解决问题，让使用者省心，并且得到即时的享受。很多企业为了吸引顾客，觉得只要服务优质，就能做成生意。其实，顾客需要的是解决问题，就是汪教授所说的"交付"，这比任何优质服务都重要。

在书中的第 4 部分，汪教授讲述了 B2B 营销的底层策略，它们和针对消费者的策略大不相同。比如，对于企业采购来讲，高效、省钱、出结果和能复制最重要。企业用户不像个人用户那么在意体面，因此产品的颜值远没有功能重要。企业客户和普通消费者还有很多差异，《峰值体验 2》有详细的介绍和分析。

《峰值体验 2》的内容远比我介绍得丰富得多，更重要的是，这本书中的各种理论都是通过具体的案例讲授出来的。因此，读起来让人感到非常享受。

今天，企业家普遍抱怨市场上内卷现象严重，自己生产出优质的产品却没有市场，尝试了很多方法却束手无策。大家在遇到这种麻烦时，应该来读读汪教授的《峰值体验 2》一书，了解市场营销的底层逻辑，相信一定会有所启发。对于不做生意的朋友，这本书也值得一读，因为它道出了很多商业和人性的特点，每一个人都应该了解。

吴军

硅谷投资人，人工智能、

自然语言处理和网络搜索知名专家

推荐序二

作为汪志谦老师的老朋友,我深知品牌战略的核心在于精准洞察与高效落地。《峰值体验2》一书,正是为企业破解增长密码的实战指南。书中提出的"关键时刻"理论与"增量/存量双增长"战略思维,与我们近年来的转型升级实践高度契合。

《峰值体验2》为品牌突围提供了一套极具穿透力的方法论。不同于泛泛而谈的营销理论,本书以"关键时刻"为核心,构建了一套从洞察到落地的完整体系,将抽象的战略思维转化为可执行的战术工具。

汪志谦老师提出"300-10=290"法则,强调在品牌体验的300个环节中,只需聚焦10个最关键的时刻打造峰值,其余290个保持基准即可。这一原则直击企业资源有限的痛点,帮助品牌高效分配精力。书中更提供"洞察i画布""X3画布"等工具,通过拆解进店率、转化率、复购率、推荐率四大维度,引导企业精准定位问题。

在索菲亚与汪志谦教授的合作中，我们通过优化消费者进店、转化、复购的关键体验，将转化率从33%提升至86%。这正是书中"300-10=290"原则的生动印证——找到最重要的10个关键时刻，集中资源打造峰值体验，让品牌价值深入人心。

本书不仅提供了系统的底层逻辑，更以真实案例展现了"第一性原理"在商业中的力量。无论是传统企业破局，还是新锐品牌突围，《峰值体验2》都能帮助决策者打破盲区，锚定高价值战场。

《峰值体验2》是"战略地图"与"战术手册"的结合体。它拒绝纸上谈兵，以科学框架和鲜活案例，为品牌在红海竞争中指明了一条"少即是多"的破局路径。无论是初创企业还是成熟品牌，都能从中找到撬动增长的那把关键钥匙。

推荐每一位追求长期主义的企业家阅读此书，在不确定的时代，用确定性的方法论实现品牌与用户的双向奔赴。

王兵

索菲亚家居集团总裁

推荐序三

与汪老师相识多年，亦师亦友，我总能从他身上汲取到穿透商业迷雾的锐利洞见。如今，他将这份深邃思考与卓越实践，凝结成《峰值体验2》这部力作。在我看来，这不仅是一套直击痛点、历经实战检验的商业方法论，更是一柄足以重构我们商业认知的思想利器，为那些在商业惊涛骇浪中探险的企业家、创业者以及渴望洞悉商业规律的年轻人，提供了一幅清晰且极富实战价值的航海图。

汪老师的核心洞见，在于他引导我们回归第一性原理，穿透产品功能、价格竞争的表象，深潜至"人、货、场"这一核心系统。在信息爆炸、用户注意力高度稀缺的今天，品牌若想脱颖而出，必须找到并放大自身独特的"美"——这是一个发现与创造峰值、精准触达用户内心，从而引导其行动的精妙过程。

书中极具启发性的"300-10=290"法则，揭示了聚焦关键时刻的资源配置哲学。它启示我们，与其在所有触点上分散投入，不如集中火力打造少数能产生强烈记忆与情绪联结的峰值体验（MOTX）。这种战略性的取舍，考验着企业舵手的洞察力与魄力——洞察"找到美"，执行"放大美"，由此真正实现"植入用户心智，推动用户行为"。这不仅是战术优化，更是深层次的战略重构。

《峰值体验2》深入剖析了消费者体验链路中的四大典型挑战："没有印记"（导致用户记不住，难以进店）、"没有透传"（导致用户不理解价值，难以转化）、"没有差异"（导致用户缺乏持续选择的理由，难以复购）、"没有故事"（导致用户缺乏分享动力，难以推荐）。为应对这些挑战，书中配备了洞察i画布、X3画布、品牌轮、产品画布等一系列兼具理论高度与实操效能的战略工具。汪老师更对"存量"与"增量"市场的不同用户群（小白、小黑、小红、红转黑）进行了系统分析，并警示企业避免"首单即终单"等陷阱，辅以"马斯洛动机七情""消费者十'装'"等深刻洞察，帮助品牌围绕具体目标人群，进行战略性、差异化的布局。

汪老师的独特之处，在于他能将纷繁复杂的商业逻辑化繁为简，以体系化的底层思维框架清晰呈现，让读者不仅知其然，更能知其所以然。在数字化与AI浪潮加速的当下，他倡导回归商业竞争的第一性原理,通过"选对人、做对事、说对话"三大变量的协同作用,构建"MOTX 峰值引擎",打造持久而系统的品牌竞争力。

对于每一位渴望在激烈竞争中突围、实现可持续增长的企业决策者而言,《峰值体验 2》既是思想的灯塔,也是精练实用的战略工具箱。我相信,这本书定能成为诸位的案头必备!

陈小雨

喜马拉雅创始人

序

胜率更高的确定性算法

距离第一本《峰值体验》的出版已经两年了。

"这两年来,你进步了吗?"是我最常问自己的话。

这两年我马不停蹄,除了在台湾政治大学 EMBA(高级工商管理硕士)以及企业家班继续开课,也在香港大学 EMBA 开设了两门课程,2022 年还获得香港大学杰出教师奖。除此之外,还做了一卡车的项目,有机会跟两岸暨香港众多有趣的灵魂交流学习,这是我感到"最值"的峰值体验。

除了授课,我要求自己所建构的思维系统,其底层逻辑与模型必须经过企业第一线的实战检验。因此,我特意接了各种不同垂直产业与电商、线上与线下企业,甚至是 B2B 的咨询项目,为的就是打磨"峰值体验"这个思维模型,将其底层逻辑变成框架;这些框架模型被用于企业实操,过程中收获的所有心得,也都成为回馈这个思维模型的迭代要素。

这本《峰值体验 2》正是到 2024 年截稿时,我对不断快速升级的闭环循环系统的心得小结。

与顶尖品牌交流，是深刻的养分

真心感谢一路以来各企业的实践与协作，包括中国知名知识付费平台喜马拉雅APP，天猫内衣品类长年霸榜王者ubras，亚马逊吸奶器第一品牌、月营收超过1 600万美元的Momcozy，中国全网电动牙刷销售额第一的usmile（2023年上半年资料），黑巧克力第一品牌每日黑巧，萌兽医院，德施曼智能锁，燕之屋等，还有快时尚指标女装品牌SO NICE、cama咖啡店、时尚女鞋首选品牌D+AF、知识卫星、Curves女性健身房、设计家具品牌MR.LIVING、饰品品牌vacanza等。有机会跟这些顶尖的优秀品牌交流学习、碰撞成长，得以窥见很多伟大企业的智慧与跃进，是本书的深刻养分之源。

实战成果的落地增长，是我写《峰值体验2》的动力。我不断地看到各个不同领域在应用我的理论方法后实现了巨大的商业成长，我想分享这一切是怎么做到的。

说来也巧，《峰值体验》出版期间正值新冠疫情席卷全球，而本书出版时，人工智能正引发翻天覆地的变化，这都是改变人类历史、奇点等级的关键时刻。

底层逻辑、建模、实操、修正、迭代，打造峰值模型

一场疫情彻底改变了市场，消费行为、组织运作、商业模式，一夕之间全面数字化。就在这两三年间，谁没有居家办公过呢？手机叫外卖、开视频会议、上网课，都已经稀松平常。我们都见证了这个打破商业规律、直接跳级的真实过程。

2022 年 ChatGPT 横空出世，引爆全球 AI 狂潮，你一用马上就会知道这将改变所有的事情。ChatGPT 这类自然语言生成模型，核心就是大量的双向训练，"输入"和"输出"的质量都必须同时提升。非常简单地讲，只要数据量足够大，再加上算法模型，质变就会出现。在人们同时不断地大量使用它的过程里，算法质变的惊人成果已经出现。

在建构"峰值体验"的思维体系时，我也在做一样的事：构建底层逻辑、建模、实操、修正、迭代。每次上完课，或者做完项目，回头迭代时，我的目的就是把这个模型变得越来越准确，越来越快速。我不断地帮自己在大脑中建立更多的节点，再把这些节点连接起来，形成框架，进一步优化为新的算法。

品牌洞察与落地的项目越多，越能让我反复修正模型与参

数。我开始相信,在这套思维体系下,更快速地指向确定性答案是可以做到的。

我常常被企业家询问:"汪老师,你怎么一下子就知道了我们这个行业的秘密?你怎么这么快就知道我们的问题在哪里?你干过这行吗?"其实答案就是我所使用的思维体系。

"峰值体验"的体系、框架具备清晰的底层逻辑,又历经众多的企业实战打磨,被"输入"和"输出"两边训练久了,当企业还在说明情况时,我脑海里的节点就已经开始运用模型连接起来。我只需要补充企业背景资料,通常很快就能判断问题出在哪儿。这就是底层逻辑与算法所提供的确定性。

我是个多元模型的爱好者。我最爱的查理·芒格,还有《原则》这本书的作者达利欧,都是多元模型的引领者。在本书里,你也会看到非常多的底层逻辑、学说和理论,这些底层逻辑就是各种各样的节点。

底层逻辑就是节点,峰值体验的框架就是算法模型

上过《峰值体验》线下大课的同学,对课程最深的印象就是信息量实在庞大,非常震撼。过去,你可能都是单点学习这些营销知识,MOT(关键时刻)、STP(市场细分、目标市场、

市场定位）分析、行为经济学、心理学、信息论、脑科学……每套理论你好像都学过，但为什么上了"战场"就是用不出来呢？

因为这些节点并未真正种进你的大脑。你知道是知道了，但是并没有用起来。一套理论你没有去使用，就不会成为你大脑中的常用节点。不是常用节点，你想事情时就不容易将其调动起来。再加上缺乏模型，就会想到这个，却又漏了那个。节点和节点彼此单独存在，底层又没有模型链接，在推导策略时思考就会断裂。

物种演化，是"连续"和"随机概率"的自然发展过程，若带有突变的因子，碰上和环境兼容，就能适者生存，这跟物种本身的意愿、想不想要这样发展没有绝对关系。演化，取决于突变和巧合，基因要耗费漫长的时间去传递。但进化不同，进化就是从简单变复杂、低级到高级的过程。

消费者在变，大环境充满竞争。现代消费者的"人、货、场"已经大大改变，企业必须更加快速地迭代。只是所有表面上看起来的毫不费力，背后却需要永无止境的努力。

《峰值体验2》是一套企业可以主动选择的进化方针，我们需要找到那些最大变量，把它们组合起来，连续做对，企业才会有极大的增长。在本书里，你将看到"第一性思维"的洞察与落地、商业底层的"三复四效",以及四大框架模型、品牌三大变量(选对人、做对事、说对话)。期待本书也能协助你,在品牌经营上建立一个能自我迭代、持续生长的模型。

祝福各位,找到自己的美,放大自己的美!

愿所有人平安。

第 **1** 部分

品牌战略

- 增量/存量双增长的战略思维
- 关键底层逻辑：第一性原理
- 洞察，让企业有所选择
- 做品牌就是要把自己变成锚

第 1 章

增量 / 存量双增长的战略思维

在互联网的生态中，APP 的首页堪称商业价值最高的 MOT 之一。比如，在线音频产业，头部平台年度营收可达人民币 60 亿元量级，月活跃用户已经有 2 亿到 3 亿的规模。更不用讲其他超级 APP 的首页，光日活跃用户就突破了 4 亿。简单讲，首页的设计重大到会影响上亿元的营收。

本书希望你记住的第一个重要概念，叫作"增量"与"存量"。在经济学和市场策略领域，增量、存量有其定义解释，我就用我的大白话简化一下："增量"可以理解为新市场、新客户，也就是可能被激发的潜在市场机会的商业模式；"存量"就是已知的老客户、现有客户、既有市场的现有模式。

学习洞察的第一步，就是你用什么视角看世界。

我最常讲的话就是，你看到几种人，才能做几种人的生意。

就以APP为例，什么叫增量？就是第一次使用这个APP的人。什么叫存量？就是每天都在用这个APP的人。你认为这两种人点击首页的地方会一样吗？当然不一样。所以第一个视角就是要清楚地知道自己要用增量还是存量的逻辑去思考。

前面讲过，顶流首页的流量每天可以超过4亿。业绩要成长、增加或改动服务，都牵涉首页的调整。如果你没有洞察，这4个题目就来了：

· 你要改哪里？

· 哪里要删掉？

· 想改成什么样？

· 这个修改基于什么逻辑？

要知道，首页上每个位置都是一个BU（事业单位），移动一下可能就是几亿元的生意，你换个位置，或把它删掉就是要BU的命。

我最常问创始人有关APP首页的问题就是："这个首页的第一负责人是谁？"

大部分创始人都沉默了。他会把整个会议室的人都看一轮，说这里面的人跟首页都有关系，好像都要负责，但实际上的确没有第一负责人。

这个例子是想让大家感受一下,企业要继续成长,如果不洞察,又没有逻辑,内部认知不拉齐,利害关系人这么多,就算你想改,也根本什么都动不了。最重要的,就是要确保最重要的事由最重要的人去做。大家常讲,既然这么重要,那就请老板自己负责,但老板负责就等于所有人负责,而所有人负责就是没人负责。不开玩笑,很多公司弄到最后首页第一负责人是小编,结果可想而知。

存量的幸存者偏差,增量的首单即终单

"每日黑巧"是一家专注于提供健康机能黑巧克力的中国新锐消费品牌,2019年成立于上海。这个品牌的命名很直观,就是从黑巧克力这个品类切入,主打"健康、高膳食纤维",在黑巧克力的成分、口感及制造工艺上有很多创新,是中国市场上第一个主打健康概念的巧克力品牌。

每日黑巧通过跨界联名、明星代言、综艺合作、时尚赞助等高频次曝光,在创立第一年销售额就突破1亿元大关。

第一波造风造浪：圈地种草，切开市场破口的概念型网红品牌

每日黑巧的起家，是先设立产品概念，再通过进线下店进行转化，是一种成本很高的营销方式。

每日黑巧的第一款产品是纯度为 98% 的黑巧克力，这款产品的首秀出现在知识型网红罗永浩老师的直播中，一个晚上 GMV（网站成交金额）就达到 800 多万元。当每日黑巧以如此迅猛的速度让如此多的消费者认识它之后，一定比例的"非正向"产品评价开始出现。很多消费者在此之前并未接触过黑巧克力，生平第一次购买，就买到了品尝门槛很高的 98% 高纯度黑巧，他们不得不提出灵魂拷问：为什么每日黑巧的巧克力这么苦？

第二波组合拳：黑巧不苦，在黑巧印记上继续叠加的强攻势

每日黑巧为了扭转消费者对黑巧克力的刻板印象，于 2021 年新品上市时，打出了一套"王一博代言 + 牛奶黑巧 / 燕麦奶黑巧"组合拳，往黑巧克力里添加了燕麦奶或者牛奶，适度降低可可固形物含量，试图通过新口味对消费者进行沟通说服。同时每日黑巧改了包装，在原本的黑色包装上增加了条纹与圆

点的系列标识。

结果这套组合拳打下来,消费者的确记住了王一博,也记住了每日黑巧,却不选择这批新口味的巧克力。我们的市场研究发现,消费者最常买的依旧是黑色经典包装,也就是纯度为98%的黑巧克力。这是为什么呢?不是说黑巧克力苦吗?牛奶和燕麦奶调和的新黑巧明明不苦了,却还是踢到了铁板。

黑巧太苦,非黑巧又记不住,该怎么往下走?!

我当初第一次去每日黑巧位于上海的办公室时,就试吃了这款纯度为98%的黑巧克力,一吃又苦又酸,我当场就说,哇这产品不行呀。结果,每日黑巧的一位同仁立刻反驳我:"汪老师,你讲得不对,我们这款黑巧卖得超好,是我们的爆品。"

嘿嘿,我每次去客户那里做专案项目,最喜欢听到有人说我讲得不对,这我可来劲儿了。这么难吃还有人买,还说卖得最好,是什么道理?这里我先介绍一个观念——幸存者偏差。

幸存者偏差,是第二次世界大战期间美国学者亚伯拉罕·瓦尔德教授提出的著名统计学理论。瓦尔德教授在研究"如何减少轰炸机被敌方炮火击落"时,发现那些飞回来的飞机机翼上弹孔很多，但是机尾上弹孔很少。

对此美国空军认为应该更加强化对机翼的防护，但瓦尔德教授独排众议，认为反而应该加强机尾的防御力。他认为机翼都被炮弹打成那样了还飞得回来，就表示这些地方被击中并不会导致坠机，反而是机尾，可能被击中一次就坠机了，根本没有机会飞回来。后来证实瓦尔德教授的洞察是正确的，他的建议让战斗机坠毁率降低了60%。

这种幸存者偏差最容易出现在存量视角中，就是当你分析数据时只考虑现成的、已有的数据，却忽略了那些你看不到的信息。你如果对市场的理解都只从现有客户下手，"我以前都这样卖，没有问题啊"，就不容易看到市场全貌。

> **关键时刻　关键思维**
>
> 幸存者偏差最容易出现在存量视角中。
> 你如果对市场的理解都只从现有客户下手，
> 就不容易看到市场全貌。

就如同那些平安飞回来的飞机，它们身上的弹孔并不具有致命性，你光研究它们有用吗？反而是那些被击落的飞机更具判断价值。可惜的是，增量市场就如同被击落海底的飞机，并不容易一眼就看到。

针对每日黑巧的产品，我们找来了过去吃过但后来不再吃的受访者，也就是"爱过你的"人群，进行了深入访谈，发现大部分消费者都是"首单即终单"，吃一口就不再吃了。

其实，不管哪个牌子的黑巧克力，只要纯度超过70%，口感都不好，这是黑巧克力的产品特性。选择黑巧克力这个赛道，就需要认识到一个前提，即消费者已经对高纯度黑巧克力有了先入为主的认知，那就是苦，这个认知标签很确定。

所以，当初每日黑巧砸重金营销，让消费者去吃第一口黑巧克力，消费者买之前本来就觉得可能不会好吃，但因为王一博代言还是买了，一吃发现"果然跟我想的一样，不好吃"，花了大钱，结果首单即终单，比赛结束，这根本就是品牌的噩梦。

既然吃黑巧克力的门槛这么高，那么到底是谁在吃？经过洞察，我们发现每日黑巧那款高纯度黑巧的消费主力是健身人群。黑巧克力抗氧化力强、低 GI（血糖生成指数），其中的单元及多元不饱和脂肪酸能促进新陈代谢，加速燃烧卡路里，正中健身人群的下怀。我后来都笑称，每日黑巧这款产品专门卖给"吃得苦中苦"的人。

但你认为，这些在乎健康、吃得苦中苦的健身人群是多还是少？这条赛道是大还是小？想想也知道，这条赛道是小的，小赛道就会越做越窄。

第一性思维，打开黑巧克力的全新赛道

后来我们是怎么帮助每日黑巧的呢？让我们先回归吃巧克力的第一性原理。人为什么会想吃甜食？为什么想吃巧克力？

是的，就是想快乐，想对自己好一点儿。要甜，要丝滑，要浓、纯、香，入口即化，要吃了以后开开心心的，这些都是吃巧克力最底层的心理需求。满足了这一点，消费者才会一吃再吃，一买再买。

而纯度为 98% 的黑巧克力的产品特性"苦"并不符合巧克力的第一性。吃黑巧克力不会给人带来幸福快乐的感受，所以人们很难一吃再吃，不能怪消费者首单即终单。

话说回来，牛奶巧克力就很符合第一性原理，它的市场大不大呢？很大，超级大。所以是不是就建议每日黑巧干脆进军牛奶巧克力这条大赛道？

我们要知道，牛奶巧克力这个市场已经被歌帝梵、瑞士莲、德芙、费列罗、好时、玛氏、雀巢这些大品牌占满了。这些国

际巨头的企业规模动辄百亿千亿元，主攻的品类就是牛奶巧克力，想要在牛奶巧克力这个品类上干掉它们，根本不可能。

那再换一个视角，巧克力这个品类，如果再往上推一层是什么品类？

就是零食。零食才是一条更大的超级赛道。

所谓第一性原理指的是，回归事物最基本的条件，我们在第2章会细讲。零食的第一性就是"脆"。像薯片、饼干、爆米花、膨化食品等，这些吃起来会一口接一口的零食，口感都是"脆"。

基于"零食就是要脆脆的"，再结合巧克力的第一性"丝滑、浓醇香、入口即化"，我们重新帮每日黑巧设计了一款巧克力，叫作"鲜萃黑巧"，我们把黑巧克力变脆了。更厉害的是，在口感酥脆的同时，兼容巧克力的第一性"入口即化""浓醇香"。我们成功地利用这款产品为黑巧克力打开了零食这条赛道。

请注意，"鲜萃黑巧"包装上写着"第四代巧克力提纯技术SCe4"，这是一段非常高熵的信息，会吸引没吃过黑巧克力的人去试试看。这个提纯技术是什么呢？其实就是一种将巧克力中的水分升华的方式，水分蒸发了，这个鲜萃黑巧吃起来就会呈现三段式口感：入口清脆、丝般瞬融、醇而不腻。但消费者不用管这么多，只需要知道一入口真的好吃，就会一买再买。

相信你们也注意到了这款"鲜萃黑巧"全新的三角形识别包装，这也是我们特别为每日黑巧设计的"印记"。它不但呼应了三段式口感，也使其从上百款巧克力包装中脱颖而出，很好辨认。就算记不住品牌名和产品名也没关系，这个三角形的"印记"绝对叫人一眼难忘，"我要买那个三角形包装的"，滑手机购物时这个包装也非常醒目，最大限度降低了选择障碍。

很多以前没有吃过黑巧克力的消费者，从零食这个品类进入，第一次接触到"鲜萃黑巧"。它给人的最初印象是又脆又甜，而且有3个零添加，即零白砂糖、零代可可脂、零反式脂肪，成分非常干净，把吃甜食的罪恶感连同选择障碍一举都消灭了。这个"鲜萃黑巧"新产品自2023年7月上市以来，第一个月单包产品销售额就突破1 000万元，真是上市即爆款，至今销量还在攀升。

所以，你说这款"鲜萃黑巧"新产品是做增量市场还是存量市场？其实是两者通杀。增量市场买不买？不但买，还破圈进入零食这条大赛道。存量市场买不买？每颗黑巧克力热量不超过13卡路里（市售巧克力最小规格热量70～100卡路里），还是纯净商品，健身人群立刻就下单了。

从每日黑巧这个案例中我们可以学到两件事：

1. 存量市场最容易发生幸存者偏差

不要只看到一种人，也就是只看到你的存量，就认为那是全世界。黑巧克力当然要继续卖给健身人群，但不能只卖给他们。进入零食赛道，这才是存量也要、增量也要的双增长。

2. 增量市场最恐怖的事情就是首单即终单

消费者第一次买就是最后一次买，你就是在品类中陪跑，花再多的钱也没用。等钱烧完，比赛就结束了。

视角决定战场有多大，底层逻辑决定视野有多宽广

我在《峰值体验》中提到过，做洞察时研究对象有3种人："爱你的""不爱你的""爱过你的"，在本书中我做一个补充升级，增加一个访谈对象："从没爱过你的"。

为了好记，"爱你的"人，我取个名字叫作小红，"不爱你的"叫小黑，"爱过你的"就是红转黑，"从没爱过你的"就叫小白吧（见图1-1）。

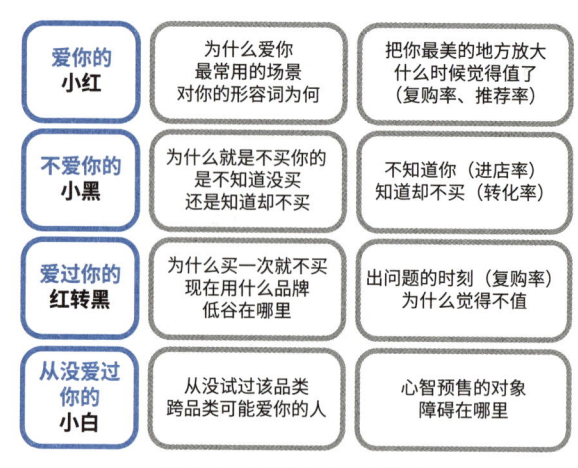

爱你的小红	为什么爱你 最常用的场景 对你的形容词为何	把你最美的地方放大 什么时候觉得值了 （复购率、推荐率）
不爱你的小黑	为什么就是不买你的 是不知道没买 还是知道却不买	不知道你（进店率） 知道却不买（转化率）
爱过你的红转黑	为什么买一次就不买 现在用什么品牌 低谷在哪里	出问题的时刻（复购率） 为什么觉得不值
从没爱过你的小白	从没试过该品类 跨品类可能爱你的人	心智预售的对象 障碍在哪里

图1-1　4种你必须了解的人

我们为什么要访谈4种人——小红、小黑、红转黑、小白呢？因为要有不同的视角，才能做不同人的生意。只研究小红，也就是你的存量，非常容易陷入幸存者偏差，赛道会越做越窄。

想要增量、存量双增长，就要学会从不同的视角看事情。

小红、小黑、红转黑、小白，4种人想的都不一样。即使是同一个人，不同时刻（进店、转化、复购、推荐）想的也不一样。你的视角决定了你的战场有多大，你的底层逻辑决定了你的视野有多宽广。

让我们来整理一下，以目前的视角看，有增量与存量，有小红、小黑、红转黑和小白，才第1章就已经有这么多视角了，让我们先把这些节点种下去。

百亿企业连续做对 11 件事，转化率从 33% 到 86%！

索菲亚家居是一家于 2011 年在深圳证券交易所成功上市的全屋定制家具服务提供商，2023 年营业额为 116.66 亿元，在中国素有"衣柜一哥"之称。

索菲亚家居提供的是全屋定制服务，通过定制化量身打造，将系统家具、系统柜、整体卫浴这类模块化产品快速又美观地安装到客户家中。

因为风格多变、价格亲民、质量较符合预期，这种全屋定制模式在中国市场很具竞争力。因为市场可期，当然竞争品牌众多。

我想分享索菲亚家居这个案例的原因是，这是一个服务流程非常长的行业。先不讲订单成交之后系统家具的生产制造、安装施工了，光是签约之前，就有进店参观、落座洽谈、促单成交、上门丈量等步骤。等有了室内空间的测量数据之后，设计师出图（方案），客户满意了才到签约这个环节。每个步骤还能拆解成更多的 MOT（见图 1-2）。

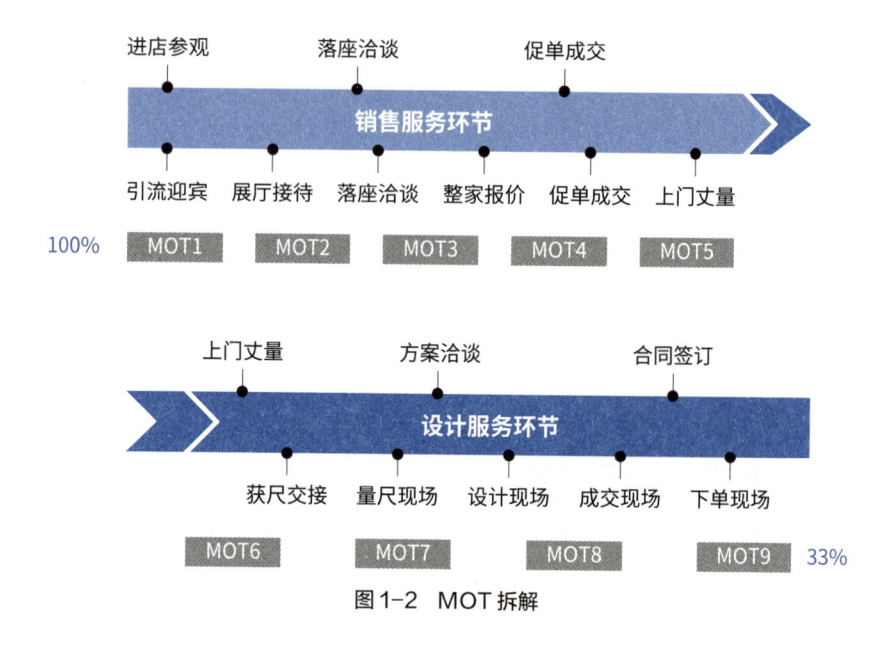

```
销售服务环节
    进店参观        落座洽谈        促单成交
    引流迎宾  展厅接待  落座洽谈  整家报价  促单成交  上门丈量
100%  MOT1    MOT2    MOT3    MOT4    MOT5
```

```
设计服务环节
    上门丈量      方案洽谈        合同签订
    获尺交接  量尺现场  设计现场  成交现场  下单现场
    MOT6    MOT7    MOT8    MOT9   33%
```

图1-2　MOT 拆解

我在《峰值体验》里开篇就强调，做品牌体验设计一定不可以有"整体服务提升"的迷思，一是企业很难做到，二是客户根本记不住。体验没有做在关键时刻，都是浪费。

以索菲亚家居来说，每开发一个潜在客户，从接触到签单都要花费很长的时间。从客户进店坐下来，到他愿意让你上门测量，就要谈好久。测量好数据之后，设计师开始出设计图，来来回回又要好几天。

这当中的 MOT 有的 3 分钟，有的 1 小时，也有的好几天。整个业务接洽流程的 MOT 细分起来可以有几百个，我们就算个整数300个吧。

那么下一题我就要问了，在这300个MOT里，哪个MOT客户流失最多？转化率33%，就是你花了大钱做广告引流，的确有100位客人被拉进店里，然后人一个接一个地走，最后只有33个人成交，这就是转化率33%的意思。换句话说，有67个人流失掉了。

我们知不知道这67位客户是在哪里走掉的？如果没有这样的洞察，这300个MOT要改哪里？读到这里你有没有发现，其实这跟决定首页改哪里没什么不同，线上和线下的底层逻辑都是一样的。

所以，我们要知道客户是怎么流失的。我和真观顾问的同事就到索菲亚家居的门店蹲点，还调了监控录像出来看。不看不知道，一看吓一跳，有相当高比例的客户在门口待5分钟就走掉了。所以很多零售店最喜欢讲，"我们要求业务员在客户落座之后立刻倒上进口矿泉水"，让他们有一种"尊荣体验"，倒水要干吗呢？都还没有进入倒水这个环节，一半的客户已经跑了。所以我常常讲，你要改的体验设计如果没有改到关键时刻，都是白玩儿。

第一个MOT客户就已经走掉一大半的人，我们可以解读为，这第一个MOT如果做对了，边际效益最高。如果你又洞察出几个最重要的 MOT，连续做对，其他 MOT 保持一样的水平，那么你会超级高效。我们就是这么帮助索菲亚的，300 个 MOT 只改变 11 个，就把转化率从 33% 提升到了 86%。

弄清楚 300，你才有选项；弄清楚 290，你才是行业顶尖

不只是索菲亚这个项目，《峰值体验》里提到的华航的案例也是一样，我们所有经手过的专案项目都是相同的结果。我们得到一个非常重要的公式：

300-10=290

这代表企业在 300 个 MOT 里选择最重要的 10 件事去做到极致，创造峰值；其他 290 件事不是不做，而是保持一般就好。这个观念非常重要，因为本来就不是每个 MOT 对消费者决策的影响程度都一样。

找出最重要的 MOT 就是洞察，落地就是把那几个最重要的 MOT 做好，变成峰值体验，进入心智，产生行为。企业在做决策时请随时检查哪些是"10"，哪些是"290"。我期待这句话能成为所有公司的共同语言。

每次只要有老板跟我抱怨他的公司没有路走，和对手没有差异，选不出"10"，我就知道他没有花时间去挖出300个MOT。没有访谈4种消费者，又没有底层逻辑，每天只从存量的角度想着健身人群为什么不多买一点儿黑巧克力，却不从增量的角度去洞察，你怎么能找出300个MOT？

现在，很多企业的大问题就是没有选择。它不是不想选，也不是不会选，而是没得选。要能选出最重要的"10"，首先得有"300"。

我帮助那么多公司做洞察，不只是告诉它们哪10件事要做到最好，更重要的是告诉它们哪290件事保持一般就好，不好也不坏，你才能省下最多钱。

当商业竞争达到一定程度时，大家的毛利都差不多，比的就是谁的费用最低，净利才会最高。谁能做比较少的事却得到一样的结果，谁就是行业之王。所以，你说"290"重不重要？

这个"290"里面有非常多过去错误的隐含假设，你以为有用，其实根本没用，还浪费了很多钱，这就是误区。但凡世界一流的公司，绝对会对这290件事情保持警觉。搞清楚"290"，才会知道现在不做哪些事能省最多的钱。所以，你清楚你公司里的"290"了吗？

懂得运用底层逻辑与不同视角，你才能高效地选出对不同的 TA（目标族群）来说，哪些 MOT 是最重要的。企业最怕的就是用存量思维去想增量，那就很容易陷入幸存者偏差。

洞察，是要找到做哪些事，会有大增长而且不复杂

现在很多企业做品牌体验，设计的时候很高级，可惜想的时候是峰值，做的时候统统变成低谷，为什么？因为执行的人不是你。

在真观顾问和索菲亚家居合作的那段时间，我去索菲亚的门店待了 4 天，亲自去做门市业务，那 4 天我只跟两种人在一起，一种就是销售冠军，另一种就是业务新手。因为我很清楚，如果能找到把一个新员工快速提升为销售冠军的方法，我就结案了。

在这 4 天里，我发现索菲亚家居大部分业务人员都说过去搞不定的原因就是太复杂，体验设计落地时真的不能搞得太复杂。"300-10=290"，目的就是要准确、简单、不要多。要能复制，企业才能变大。

很多企业做品牌体验设计最后没有成功，就是设计过于精妙复杂，结果落实到店面的时候根本无法执行。以索菲亚为例，它在中国有 200 家经销商，超过 4 000 家门店，几万名业务人

员，如果体验设计过于复杂，这件事怎么落地？

所以，体验设计要能够落地，就必须非常简单。简单，才能复制；简单，才会有效；简单，才能让你招募来的加盟商、业务人员甚至外包的合作厂商，无论是谁都能快速上手，进入状态之后还能自我迭代。

小结

做品牌有两种增长方式，一种叫增量增长，一种叫存量增长。我们来试着回答一下，爱你的人"小红"是存量还是增量？存量。

那不爱你的人"小黑"是存量还是增量？增量。

所以增量有哪两种人？小白和小黑。

存量呢？是的，小红和红转黑。

即使同样都是做增量市场，小白跟小黑想的也不一定一样。企业要用不同的视角去布局未来的战场。你现在最大的问题，就是视角充满了误区与盲区。

误区，用存量去看世界，最常见的是幸存者偏差。

盲区，没有通过4种人去看见不同的机会与市场，最怕的是首单即终单。

你若只看到一种人，你就只能做一种人的生意。视角决定战场大小，底层逻辑决定视野宽广。我们做生意要打破盲区与误区，最好增量也要，存量也要，这个增量、存量双增长的战略思维从此展开！

> **关键时刻 ～ 关键思维**
>
> 你必须打破你的盲区与误区。
>
> 盲区：没有底层逻辑，没有看见 4 种人。
> 看世界只用眼睛看，而没有用大脑去看。
>
> 误区：只看见一种人的需求，只做了一种人的生意。

第 2 章

关键底层逻辑：
第一性原理

我在书里会不断提到第一性原理，我真的无法形容这个思维模式有多重要。第一性原理，就是要求我们回归事物最基本的条件，只看本质。

第一性其实不是新概念，早在 2 000 多年前亚里士多德就已经提出，每个系统都存在最基本的命题或假设，既不能被省略或删除，也不能被违反。用亚里士多德的话来说，他寻找的是"第一原则"，也就是起源。

这个理论会被再次看见，和埃隆·马斯克的成功有关。从贝宝、特斯拉，到太空探索技术公司，甚至脑机接口、超级高铁、人工智能公司 xAI 等，这 6 个领域跨度这么大，甚至可以说毫不相关，但为什么马斯克依旧可以驾驭？他曾多次在演讲中倡议以第一性原理作为决策框架:"要用物理学的角度去看待世界,剥开表象,看到本质。不要用其他实验或现有经验,只用基本事实推导,这样你才能找到反直觉的事情,例如量子力学。"

第一性原理,既直白又爽快,它不绕圈,也不包装。所以第一性有公式吗?并没有,第一性就是个思维模型,而且用起来很耗脑力,但非常重要。从2 000年前的亚里士多德到被媒体封为"疯王"的绝世天才马斯克都在讲,我想我们应该好好学习一下。我们现在利用第一性原理做一个思维练习:

消费者在买什么?

你又是在卖什么?

你可能觉得这问题太简单了,你怎么会不知道自己卖的是什么。那你认为每日黑巧在卖什么?它卖的是巧克力吗?是的,那是"货"逻辑。但重点来了,卖东西不只是卖货,还有"人"逻辑,每日黑巧真正卖的是快乐、是开心、是对自己好一点儿。

用第一性原理去洞察人、货、场

我现在要和各位介绍一个做洞察非常重要的底层逻辑——

人、货、场。

以知识付费平台 APP 为例。消费者常常打开 APP 就是听相声，像郭德纲、于谦的相声节目，播放量轻轻松松就是 35 亿次，非常受欢迎；还有就是听书、听广播剧，比如《三体》《鬼吹灯》《盗墓笔记》等。假设有一个小红，是听过相声的老用户，他现在又点进 APP，接下来要卖给他什么？

如果你认为你卖的是相声，这位用户买的也是相声，这就是标准的货逻辑。

继续卖更多的相声给已经听过相声的人，是货逻辑，也就是"品类"思维。这也没问题，但不够。

我们现在要开始把第一性"人、货、场"的思维带入洞察。用"场"思维去洞察，那就要看用户什么时候听相声。如果这个用户都是在晚上听，在深更半夜听，那么他买的是相声吗？并不是，他买的是放松，他要听一听能直接让他睡着的内容，即所谓"一键入眠"。

睡觉，绝对是每个人都在做的高频事件，所以能帮助睡眠的节目就能让用户一买再买，时间一到该睡了，就会每天听，这可是个大赛道。曾有一次 APP 推荐我一位讲股票的老师，真的很有效，我一听就睡着了。

但如果你发现这个用户听相声都是在中午，那么你要卖给他的是什么？对，配饭。很多MBTI（迈尔斯－布里格斯人格类型量表）的I人，就不想跟同事成群结队出去吃午饭，所以躲在自己的小隔间里，耳机一塞，对着手机看第一万遍的《甄嬛传》《琅琊榜》，或者美剧《老友记》。我们给这些剧集一个昵称，叫作"电子榨菜"，就是配饭用的。这种人听的不是相声，是陪伴，他想屏蔽社交。

如果这个用户听相声都是在白天，每次都短短几分钟，那么你要卖给他的是什么？是的，就是上班摸鱼放松一下，逃避一下。5分钟一段的脱口秀刚刚好。被老板骂了一上午了，快被客户气死了，脑袋需要放空一下。

所以你看，没有人、货、场的思维，你就只会卖货。这个人听过相声，我就继续推给他相声、民俗口技、说唱艺术、曲艺表演，这样做也不能说有错，但如果只有货逻辑，赛道就小了。如果这样，黑巧克力就不会发展出"鲜萃黑巧"这个

关键时刻　关键思维

没有人、货、场的思维，你就只会卖货；
如果只有货逻辑，赛道就小了。

零食的大赛道，相声也没有办法走入"睡眠"这个高频大赛道。

再举一个喝咖啡的例子。从上面APP的案例我们明白，用户在什么时间听相声很重要，那什么时间喝咖啡重不重要？因为做cama咖啡店这个案子，我们做了大量的洞察研究。

所以，又要问同样的问题，如果用第一性原理去洞察，消费者为什么要喝咖啡？

在台湾，咖啡的市场相当大，因为市场成熟，所以也逐渐分众。从人、货、场的货逻辑来说，手冲咖啡、虹吸咖啡、法式滤压、摩卡壶讲的就是"货"。耶加雪菲，SOE（单一产地意式浓缩咖啡），咖啡豆的厌氧、日晒、蜜处理、水洗，统统都是"货"。不管咖啡前面跟着什么名号，从第一性原理去看就是货逻辑（见图2-1）。

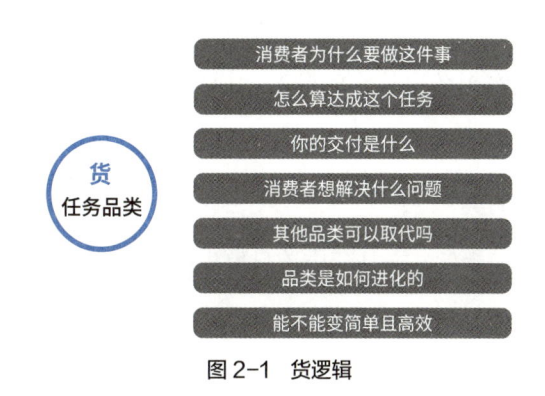

货 任务品类
- 消费者为什么要做这件事
- 怎么算达成这个任务
- 你的交付是什么
- 消费者想解决什么问题
- 其他品类可以取代吗
- 品类是如何进化的
- 能不能变简单且高效

图2-1 货逻辑

在峰值体验的框架下，我希望大家未来说明自己的产品时，不要只是描述产品的功能和规格。我们要从任务、品类的方面往下，用第一性原理看看产品能为消费者完成什么任务。这种概念类似于颠覆性创新理论中的用户目标达成（Jobs to be done，简写为 JTBD）观念，就是消费者想要的并非电钻，而是打一个孔。

讲到这里稍微给大家补充一个趣闻。JTBD 因为 4 个英文字母的发音而得了一个很有趣的中文昵称"焦糖布丁理论"，这是个高熵信息。高熵信息因为噱头十足，让人好奇心大发，你看你不就一下子记住了。《峰值体验》里面讲过，体验设计就是要进入心智，产生行为，所以对中文使用者来说，"焦糖布丁理论"这个可爱的名字比光是英文字母的 JTBD 厉害多了。

在人、货、场的货逻辑下，产品要深究的是消费者为什么要做这件事？想解决什么问题？达成任务是什么状态？我们怎么交付？反向思考是，要完成这个任务还有其他变通方式吗？有没有替代品类？

以方便面为例，产品不应该只聚焦于方便面、速冻水饺或微波食品这些即食品类，而是"不想自己煮，又要很快解决一餐"这个任务；用第一性原理去思考，麦当劳、肯德基这类快餐，甚至外卖，因为都能完成任务，所以有替代方便面的可能性。

回到喝咖啡的例子,消费者为什么要喝咖啡?

或许我们该问的是他什么时候喝咖啡(场逻辑)。

如果是一早喝上班的那杯咖啡(场逻辑),那么他要的是醒过来(人逻辑)。和人每天都要睡觉一样,人每天早上想要醒过来,上班时就得来一杯咖啡,这是一个高频事件,肯定是个大赛道。

如果是下午喝,可能是会议咖啡、茶歇时间(场逻辑),他要的是"面子",是正式的质感,要能快速大批量点对点送达。和重要客户开会,或是和老板开会,要让对方觉得备受重视(人逻辑),这个赛道也不小。

话说回来,如果是假日休闲时光喝,那么他要的可能是一杯能慢慢放松享用的咖啡,或许就是优质的手冲咖啡。但这种到外面店里去享用的手冲咖啡应该不太可能天天喝,这么低频的事件,赛道大小可想而知。

发现了吗?如果只用货逻辑,你就没有看懂人们在买什么,你在卖什么。

TA 跟产品要双向贴标,不同权重才能精准预测

就早上的那杯咖啡来说,最重要的第一性是什么?你的交

付是什么？是的，要快，越快拿到那一杯越好。速度就是你的交付。

很多人对咖啡可能有一种执着，就是认为咖啡一定要好喝。我的意思不是好喝不重要，而是对早晨赶着上班的人来说，好喝不是最重要的，他在乎的是能马上拿到。在这个时刻，便利店的咖啡就是够快，这个快就是交付。因此，看到这家店的柜台前很多人排队，搞不好他会立刻换一家。

所以，如果还在认为消费者要的就是好咖啡，你就卖他手冲咖啡，要知道，喝手冲咖啡是需要有空儿的。男女朋友约会，每个月去几次咖啡馆，喝个SOE，有办法常常去吗？低频事件，赛道立刻变小。

请不要误解我，我不是说就不要经营手冲咖啡了，而是我在协助各位计算哪里最高效，哪里才是大赛道。商业的本质是效率，如果是追求非线性增长的企业，选择大赛道还是很重要的。

当消费者买的不是咖啡而是速度时，在人、货、场的逻辑下，我们的交付就是"快"，这个交付必须被大大地"加成计算"。"很快能出的咖啡"，当然不可以不好喝，但好喝程度只要保持一般就好。"早晨赶着上班的人"，对上"很快能出的咖啡"，这就是 TA 对应产品，双向都贴上标签。

要注意，这个"快"不是从做咖啡开始算，而是从消费者排队点单开始，到拿到咖啡为止都很快，这才是消费者想感受到的快。消费者急起来，对前面客人点咖啡犹豫不决都会不耐烦。想想看，你自己有多少次是因为等得不耐烦转身就走了。所以移除点单的障碍，简化付款流程，快上加快，整体都要考虑进去。

上班那杯咖啡要足够快，就需要离公司近，我们得把店开在办公楼附近。这叫"**分发效率**"，非常重要。

分发效率分成线上、线下，线上零售的分发效率核心是算法，系统必须能够高效地将信息推送到客户面前，例如最准确的"猜你喜欢"推荐。

至于线下实体零售的分发效率，假设所卖商品对消费者来说已经不是高熵信息了，那么店就要开在消费者身旁。如果你会特地跑远路去一家店，那个东西的信息熵值肯定很高，例如买一个限量商品，或一款最新上市的VR（虚拟现实）眼镜。

但如果是买杯热拿铁，或去健身房之类的，因为这些东西的熵值（后面章节会细讲）已经很低了，消费者就会进入高信息增益。简单讲，消费者要的就是确定性的答案，哪里快哪里买，哪里便宜哪里好。我对我要的交付已经很确定，近就好、我家旁边那家就可以了。至于咖啡好不好喝，健身房的装潢和设备，只要保持一般就好，物理距离近才是关键。

这就是分发效率带来的高信息增益。

认识我的人都知道，我超级热爱手冲咖啡，甚至跑去跟手冲咖啡世界大赛的冠军学习过，所以常常有机会和非常专业的咖啡达人、咖啡冠军交流。我经常听到这些咖啡店老板跟我讲："汪老师，你去的这家不行，你要去我们什么什么分店，那个店长手冲才是一流的。"一听到这些，我就知道这家店的模式不能复制，赛道很难变大。

消费者要的是交付，而不是服务

我们会一直去一家餐厅吃饭，是因为它越来越好吃吗？不是的，是这家餐厅口味稳定，每次去都一样好吃。这就是"稳定交付"。稳定交付，才是复购的底层逻辑。

我常常拿星巴克当例子，星巴克的咖啡好不好喝，见仁见智，但星巴克绝对有世界级的稳定输出，你每次去都可以期待拿到一致的咖啡。这个"每次都一致"，我讲的是你走进全球任何一家星巴克，喝到的咖啡几乎都是一样的口味，这真是不简单。这个交付上的确定性，才会让客户一买再买。

一家咖啡店店长手冲的咖啡很好喝，店员冲的就很难喝；

资深领班细致到位，新来的服务生很随便……这种交付上的不确定性就是地雷，就是低谷，非常影响客户的复购。全世界的星巴克你喝到的味道都是一样的，到哪里都很容易买到，还能够让人"装"起来，难怪品牌会大卖。

所以我们要看懂人、货、场，看懂客户在什么时刻买的是什么。如果是用来请客吃饭的餐厅，就是用来摆谱的，卖的是门面，是气派，所以这种餐厅就要让出钱做东的人觉得有面子，餐厅老板得出来亲自招呼。有些地方你会去吃，也不是因为有多好吃，就是近、快，就是"我家巷口那家"，天天去还吃不腻。

要搞懂消费者的动机和情绪，就要回到马斯洛需求理论，这才是人逻辑的底层逻辑，第一性。让消费者觉得值了的时刻，就是你该交付的事，消费者要的是交付，而不是服务。你不去搞清楚消费者的动机和情绪，就只是卖货，一旦熵值降低，进入信息增益，消费者要的就是确定性的答案，例如便宜大碗，竞争怎么可能不激烈？

说说抖音吧，你以为抖音提供的服务是短视频，主力是卖货吗？从"人、货、场"逻辑、动机情绪去切分，抖音卖的是转移你的注意力，讲得更准确一点儿，其实是转移你的压力。你本来专注于某件事，但因为压力太大，暂时躲到抖音的世界里。暂时逃避、转移注意力、放松，这是很高频的需求，是马斯洛需求理论的第二层，这才是底层逻辑。

经济学家曾提过"注意力经济"，但当下社会不如说是"转移注意力经济"。各种短视频平台的发力，早就硬生生把人的注意力给切碎了。很多精神病学家和脑科学家都提出警告，短视频引发的手机上瘾症是值得忧心的现象。但这种发展应该已经不可逆转，做体验设计的还是要看懂这个底层逻辑。

标签要来自第一性的"人、货、场"思维

马斯洛需求理论是解释人格与动机的重要理论，以"生理""安全""爱与归属感""自尊需求""认知需求""美感需求""自我实现"等7个层级来描述人类需求和动机的移动模式。马斯洛后来还提出了第八层"超自我实现"需求，描述人超越自我实现之后进入一种超越现实的感知，类似"心流"状态。马斯洛想要说明的是，人有自我意志，而驱动行为的是需求。

马斯洛需求理论符合第一性原理。生理、安全、爱与归属、自尊、认知、美感、自我实现是对人类底层动机的描述，为了更快地沟通，我简称这些人类底层动机为"七情"（见图2-2）。用马斯洛的七情重新洞察"人、货、场"中的人逻辑时，我们

就会获得前所未有的崭新视角。

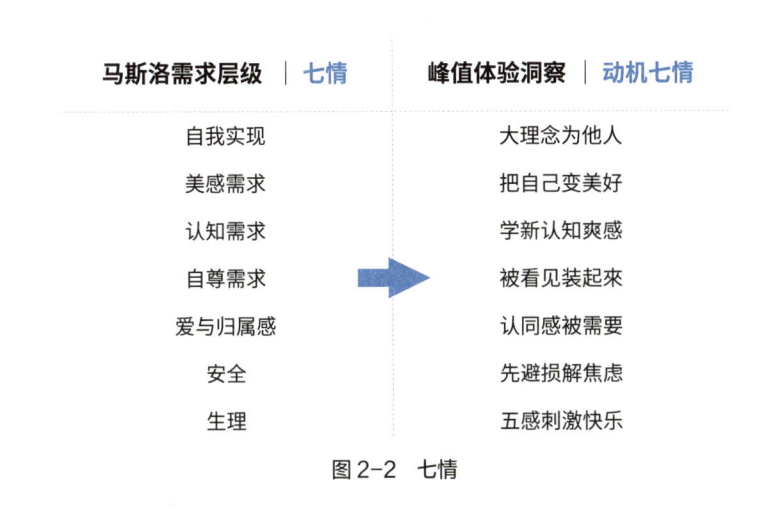

马斯洛需求层级	七情		峰值体验洞察	动机七情
自我实现			大理念为他人	
美感需求			把自己变美好	
认知需求		➡	学新认知爽感	
自尊需求			被看见装起来	
爱与归属感			认同感被需要	
安全			先避损解焦虑	
生理			五感刺激快乐	

图 2-2　七情

就拿现制饮料来说，人们喝奶茶是因为口渴吗？口渴你可以喝水呀。所以想一想那个底层逻辑，喝奶茶就是想开心，想犒赏一下自己。

我最近在做时尚耳环的品牌辅导案，发现人们有时候买东西就是出于一种"我想对自己好一点儿""想犒赏一下自己"的冲动，上班累得要命，所以下班的路上在地铁站里看到卖漂亮饰品的摊子，忍不住花点儿小钱买对儿耳饰，不为过吧。结果买回家之后一次都没戴过，这种人多得很。不信再来看，人们去健身房，动机是真的喜欢运动吗？其实只是不想被人说"胖"，是动机七情的第二层——避损。

再说每天大家刷脸书，优兔视频一个接着一个看，要不然就是躺在沙发上拿着遥控器网飞选单一直滑，醒过来已经两小时之后了，为什么？因为我们白天已经很累了，想转移注意力，就想放空脑袋。

图2-3归纳了人、货、场的第一性原理逻辑。洞察消费者，要用人、货、场的第一性原理去洞察，要非常重视研究消费者的动机，而那个动机马斯洛已经讲完了，那正是我们该交付的，也是消费者在买什么、你在卖什么的答案。如果只用货逻辑、品类逻辑，很可能大家都在用这些词，结局就是你的思维和竞争对手的一模一样，你当然找不出差异。

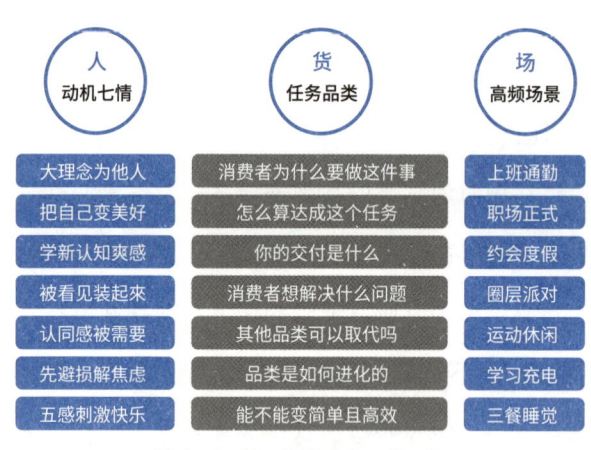

人 动机七情	货 任务品类	场 高频场景
大理念为他人	消费者为什么要做这件事	上班通勤
把自己变美好	怎么算达成这个任务	职场正式
学新认知爽感	你的交付是什么	约会度假
被看见装起来	消费者想解决什么问题	圈层派对
认同感被需要	其他品类可以取代吗	运动休闲
先避损解焦虑	品类是如何进化的	学习充电
五感刺激快乐	能不能变简单且高效	三餐睡觉

图2-3 第一性原理人、货、场

以女生买耳环来说，可以将消费者的访谈拆解后分别放进人、货、场框架中(见图2-4)。

人	货	场
动机七情	任务品类	高频场景
· 我想对自己好一点儿 · 每天已经很辛苦了 · 我要犒赏一下自己 · 我压力很大	· 我需要一副耳环搭配衣服 · 要显白、显气色，顺便修脸型 · 对了，我皮肤很容易过敏	· 我明天有重要会议，需要看起来很专业 · 后天要约会，要彰显个性和女人味

图 2-4 拆解后的人、货、场

我们寻找市场，看机会，一定要学习去看那些高频发生的事件；高频，赛道才会大。以流行饰品这类东西为例，你会每天都需要一对新耳环来搭配衣服吗？根据我们的调查，每天换耳环戴的人的确不是多数。那么朋友生日或有其他送礼场合，这经常发生吗？应该也是偶尔。

但压力大，心情不好，这算是高频还是低频？

"想对自己好一点儿"，对现代人来说是经常发生的场景。所以卖耳环卖流行饰品，应该从"纾压"这个情绪场景切入，只要定价不太贵，花两三百元买对儿耳环让自己开心起来，这就是把情绪与场景带进来。我们一旦用人货场逻辑看，卖的就不只是耳环，就如同每日黑巧卖的不是巧克力，"快乐"才是交付。

图 2-4 可以进一步写成图 2-5。

清楚地洞察人、货、场，我们才有办法真的看懂消费者买的是什么，而我们应该交付什么。

人	货	场
动机七情	任务品类 买耳环想达成的任务	高频场景
・认同感 ・被看见 ・变美好	・低调自信 ・专业干练 ・女性个性	・上班用 ・开会用 ・约会用

图 2-5　精准定位后的人、货、场

马斯洛动机七情层层叠加，才是大赛道

情绪是非常重要的动机，我希望各位能把这个概念深深印在脑海里。动机七情中第一个是"快乐"，我们利用五感去刺激消费者，让他从感官上产生快乐。这个生理需求启动速度最快，可以优先去启动它。

我在帮客户重新设计现制奶茶时，首先是充分刺激客户的视觉。一个透明杯子里要有 4 层颜色，最下面是深红色，然后是芋紫色、粉红色，最上面是一层奶酪的乳白色，光是颜色

就让客户的眼睛感觉很爽。然后吸管一插下去，至少也有4种口感。

我和各位说一下，口腔里咀嚼感的需求非常重要，弹弹的、软软的、沙沙的、滑滑的、脆脆的，光是口感就让你的嘴无法离开。这个底层就是，五感刺激快乐最先被启动。

而奶茶有没有让人装起来的意思？你买一杯最新网红店的限量版饮料，拿着那个纸杯在路上走，你感觉怎样？脸书上一堆网红餐厅、排队美食、潮流名店，大家挤着抢着拍照打卡，那不就是"装起来被看见"，就是"我有你没有""我和你不同"。这些其实都是想要被看见——七情里的第四层。

一杯4种不同颜色、4种不同口感的奶茶，从五感刺激快乐（第一层）到解焦虑（第二层），不但让人接触到市场最新产品（第五层：学新认知爽感），还能装起来（第四层），一杯奶茶就满足了4层不同的需求。奶茶是大赛道，就因为它同时满足了这么多层级的动机需求。因此，当我们设计一个产品时，一定要计算它的交付能同时满足多少层级的需求。

换句话讲，如果消费者用你家的东西"没有感觉"，既不感到快乐，也不解焦虑，觉得不需要，又装不起来，一看又陈旧……消费者还会买吗？

再讲一个案例。之前我做过一个宠物医院的辅导案，现在很多人回到家，第一想看到的不是人，而是他的狗。一开门狗冲过来，那种感觉非常好，所以你说第三层的"被需要"重不重要？全球兽医医疗保健市场可是一个约 1 780 亿元的超级大市场。

就以台湾来说，宠物的数量已经比孩子多了，2021 年光是登记在册的宠物数量就有 296 万只，而 15 岁以下儿童为 288 万人，这实在非常惊人。为什么？因为养宠物同时满足了很多层级的动机需求，快乐、解焦虑，又被宠物需要。带宠物出门还可以"装"起来，如果是领养流浪的宠物，还能满足七情里面的最上层（第七层：大理念为他人），一次满足 5 个层级，不用说，肯定是大赛道。

我有一个朋友前阵子养了一条狗。他其实是一个很精打细算、钱花在刀刃上的人，像运动健身，他会一家一家比较，找到最便宜的健身房。

> **关键时刻 关键思维**
>
> 在设计一个产品时，一定要计算它的交付能同时满足多少层级的需求。

结果他养狗之后完全不一样了，上个月他说要带狗去游泳，"因为我家的狗需要运动"。嗯，是的，他原话就是这么说的。那么，狗游泳一次多少钱呢？600元。为了小狗运动要尝鲜游泳，他还给狗买衣服，带狗去"狗汉堡餐厅"参加狗狗派对。最近他买车了，因为他家的狗如果要去宠物医院坐地铁很麻烦。是的，就因为这样他买车了，为了狗买的，他的狗就是他的家人。不要觉得很夸张，任何一个做宠物生意的，你如果还把宠物当动物看，你就真的错得离谱了，宠物就是"毛小孩"啊。

我访问过一家爆红的宠物医院，它受欢迎的原因是一进门就给所有的"毛小孩"发条干净的毛巾，让它们即使是冬天也能温暖地坐在沙发上。你想的没错，宠物就是我的小孩，既然是我的小孩，那么它怎么可以坐在冰凉的地板上。虽然每家宠物医院都可以打预防针，但只有这家医院对我家"毛小孩"最友善，我当然一去再去。

消费者十"装"

情绪是所有消费行为背后最大的动机。当你深夜12点想要对自己好一点儿，最快、最有效的方法，难道不是下单买个包、买双鞋吗？总比把老公叫起床，叫他说"我爱你"来得简单又快，哈哈哈。

这就是人，是人就会有情绪。情绪是最重要的底层逻辑。甚至可以说，情绪决定了一个人的可支配时间，而"装"决定了一个人的可支配所得。

对某些人来说，让别人知道我有钱，比我真的有钱还重要；让别人知道我在运动，比我真的在运动还重要。所以我常常和学员开玩笑，来上我的大课，刚在签到台报到就拍照上传，然后发布"# 今天学习中，请勿打扰"。让别人知道我是谁，装起来被看见，是底层需求，非常重要。

想被看见，是现代人无比重要的动机需求，虽然我们都明白不应该活在别人的眼光里，但现在谁又逃得掉？甚至可以说，所有的网络行为，核心动机都是想被看见。发图、发帖子、点赞、留言，所有的网络足迹其实都是；更不用说引起网络论战，或者想成为网红的心思。如果想把网络狂风吹起来，不能不搞懂这背后"装"的心态。

消费者在"装"什么呢？我帮大家归纳了10个"装"（见图2-6），如果你还能设计出其他的"装"，当然要用上。如果没有，这10个"装"马上可用。

这10个"装"都建立在马斯洛的需求之上，是现代人行为的底层驱动力。

装富有	装懂
装年轻	装自信
装圈层	装正确
装高级	装时尚
装幸福	装成就

图2-6 消费者十"装"

就吃东西来说，要吃饱很简单，吃个馒头就饱了，如果只是满足最底层的生理需求，东西就没有办法卖贵。像我中午吃一碗榨菜肉丝面，很好吃，不超过100元。可一旦我要请人吃饭，为了表示诚意，那不就得"装起来"，马上就要多花很多钱。

这就是"装"，它影响了人们的可支配所得。

以买冲锋衣为例，一个白白胖胖的上班族选择穿始祖鸟，他难道真的要去登珠穆朗玛峰吗？买豪车、买奢侈品，某种程度上都是期待被看见，想"装"起来。开迈巴赫，用爱马仕柏金包，戴百达翡丽陀飞轮表，不用解释，所有人都秒懂你很有钱。有钱人要的就是不用说，你就知道我是谁以及我的财力。

奢侈品牌越能显出人的身份地位，越有溢价空间。最让人生气的就是你穿了一个很贵的牌子,结果人家还问你贵在哪儿,气死了,下次不买了。

可能会有"高明哥""聪明姐"来抬杠:"你这讲的不对,很多有钱人出门都穿拖鞋。"或者说:"那些欧洲的有钱人根本不用爱马仕。他们全身穿的连牌子都看不出来。"唉,装穷也是一种装。

此外,你不装那是你的选择,没毛病。但我一开始就讲过,你看到几种人,才能做几种人的生意。如果你认为黑巧克力只能卖给健身人群,你就只能做健身人群的生意。再附带问一句,歌帝梵、瑞士莲,当你要送礼的时候会选这些牌子,你怎么不选便利店卖的巧克力呢?

简言之,**品牌如果越能让消费者"装",其溢价就越高**;能持续地让人装起来,品牌忠诚度就越高。

增量用情绪场景去启动进店和转化,而存量要让消费者装起来被看见,会加速复购和推荐。

总结一下七情,第一,就是越下面的层级一定越容易被先启动,快乐这一层一定是第一个被启动的。第二,越往上面的层级走,品牌溢价就越高。第三,如果一个交付包含的层级需求越多,对消费者而言就越值。第四,就是7个层级里有各种不同的人。马斯洛讲了,人的动机有生理、安全、爱与归属、自尊、认知、美感、自我实现。有些人靠吃就很满足了；有些人吃对他们没用，他们要学习，他们要新东西的碰撞，要环保爱地球。

每个人都不一样。最怕的就是你觉得所有人都应该跟你一样，不要快乐，能吃得苦中苦，也不装，韬光养晦，那样你就只能做你自己这种人的生意。

增量用情绪场景启动，存量要让消费者"装"起来

但马斯洛讲的还不止这些。同样是计算机品牌，苹果是否让你感觉它自带时尚感？但联想呢？你就会觉得这个品牌偏实际，很实用。

> **关键时刻 ～ 关键思维**
>
> 增量市场，用情绪场景去启动进店和转化，
> 一见就进，一买再买。
> 存量市场，要让消费者装起来，他才会觉得值了，
> 值了才会推荐。
> **七情法则**：越下越先、越上越贵、越多越值。

再举个例子，可口可乐，说到这个品牌大家的脑海里就会浮现出快乐两个字，难道因为品牌名字里面有个"乐"字，它就自动成为公认的快乐水吗？

再比如耐克，你一想到它，就会想到 Just do it，有冒险、对运动员致敬的含义。但有的运动品牌，你会觉得它只是个工具。同样买奢侈品，买爱马仕、路易威登和普拉达的人，还是有很大不同的。这些奢侈品各有各的标签，即使都是"装"，"装"得还不一样，风格或者说辨识度还是很清晰的。

品牌是工具还是人？其实都可以，只是品牌越像一个人，越拟人化，品牌的辨识度就越高。

做品牌，一定要把品牌和情绪联结起来。品牌拟人化后具有的鲜明个性能激发消费者的情绪，而情绪能有效增加品牌辨识度。

品牌的终局就是要有辨识度。我们的目标不正是用各种交付去启动消费者的情绪与动机需求吗？具有拟人化的品牌个性，会更容易让消费者用品牌去帮自己贴标签、被看见。不要以为只有奢侈品才有品牌个性，你应该也常听朋友说，我只喝这家奶茶，或者我只买这个牌子的卫生纸，这些说的也是品牌个性。

在这里，我已经帮你整理好了 28 个品牌个性（见图 2-7）。

品类，我们要洞察的就是消费者有哪些七情，启动哪些情绪动机。而品牌要洞察的就是辨识度，有哪些品牌个性是属于你的美，是可以被放大的。这 28 个品牌个性供大家参考。

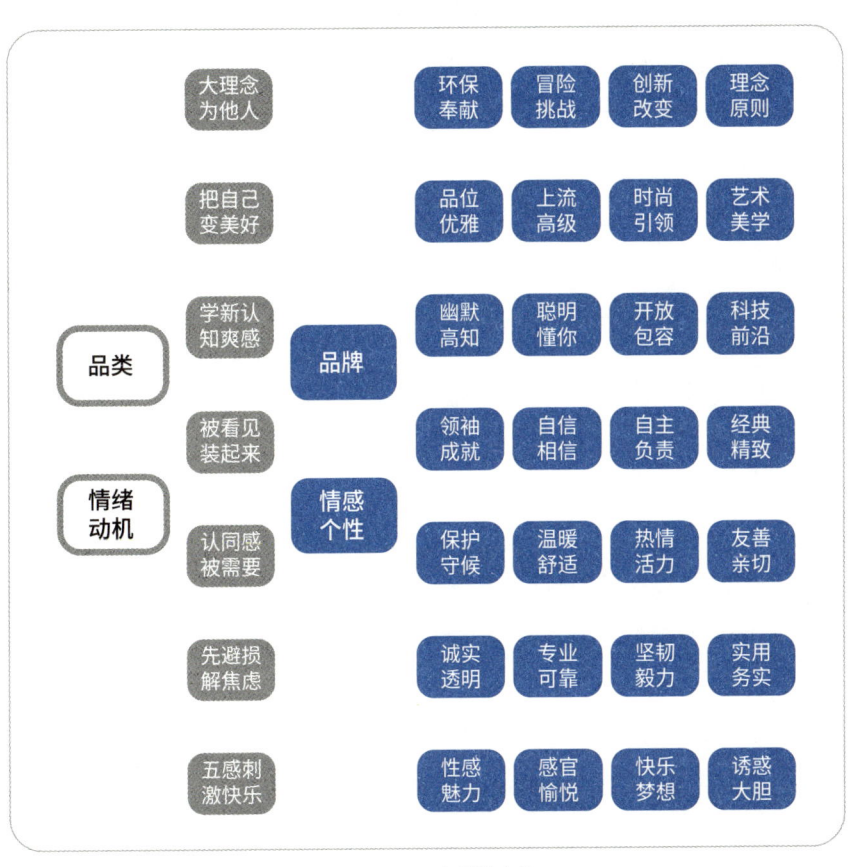

品类 / 情绪动机		品牌 / 情感个性			
	大理念为他人	环保奉献	冒险挑战	创新改变	理念原则
	把自己变美好	品位优雅	上流高级	时尚引领	艺术美学
	学新认知爽感	幽默高知	聪明懂你	开放包容	科技前沿
	被看见装起来	领袖成就	自信相信	自主负责	经典精致
	认同感被需要	保护守候	温暖舒适	热情活力	友善亲切
	先避损解焦虑	诚实透明	专业可靠	坚韧毅力	实用务实
	五感刺激快乐	性感魅力	感官愉悦	快乐梦想	诱惑大胆

图 2-7　28 个品牌个性

> **关键时刻　关键思维**
>
> 品牌越拟人化,辨识度就越高。
>
> **品类**:要洞察不同的情绪动机;
>
> **品牌**:要洞察品牌个性辨识度。

第 3 章

洞察，
让企业有所选择

做洞察，一个重要的目的就是拉齐认知，拉齐你跟消费者之间的认知落差，通过这个研究过程，运用各种底层逻辑理解客户在想什么、买什么，而你能交付什么。

但做洞察更重要的是，拉齐你跟同事之间的认知。

你应该常常看见在一家企业里每个部门各讲各话，不但企业跟消费者之间有很大的认知鸿沟，各部门对消费者的认知也有很可怕的落差。

企业内部对于小红、小黑、小白、红转黑，要先做哪种人的生意没有共识，甚至很可能连定义都不一样，你在讲小红，他在讲小黑。洞察就是拉齐认知，找到企业的"盲区"与"误区"。

什么叫盲区？就是看世界只用眼睛看，而没有用大脑去看，没有用底层逻辑去看，有看没有到。本书读到现在，你应该已经知道什么叫作"幸存者偏差""首单即终单""第一性原理""马斯洛需求理论"等。你能运用的底层逻辑越多，你的洞察就越清楚。

"误区"是什么？就是你以为是对的，其实是错的。为什么会这样呢？因为你看得太少了，你过去的经验以及单一视角局限了你。读到现在，最起码你应该懂得用高净值人群／低净值人群、增量市场／存量市场、小红／小黑／红转黑／小白，以及进店／转化／复购／推荐四大维度去洞察消费者。你的视角决定了你的赛道。

底层逻辑越多，看得越明白；思维节点越多，算法就越厉害。有了这些视角，你就跟以前不一样了。只有井底之蛙才会觉得自己所经营的事业很特别。看多了就会明白，底层逻辑是有共性的。接下来，介绍两个非常重要的底层逻辑，帮助你看得更清楚，赛道打得更开。

> **关键时刻　关键思维**
>
> 底层逻辑越多，看得越明白；
> 思维节点越多，算法就越厉害。

系统 1 和系统 2，帮助你洞察出 6 种不同消费者

首先是第一个底层逻辑——系统 1 和系统 2，这是 2002 年诺贝尔经济学奖得主丹尼尔·卡尼曼在《思考，快与慢》一书中提出的重要观点。他将人类大脑运作分成"系统 1"和"系统 2"两种方式，系统 1 就是直觉，代表的是反射性思考；系统 2 是理性，是按部就班的分析能力（见图 3-1）。

系统1
快速/直觉/情绪驱动

- 👁 颜色 / 颜色符号
- 👂 不专注 / 音乐旋律
- 👃 容易忽略 / 香气记忆
- 👁 联结最强 / 味觉记忆
- ✋ 运动视觉 / 触觉品质

占据两个以上的感官体验更容易进入系统1，影响决策

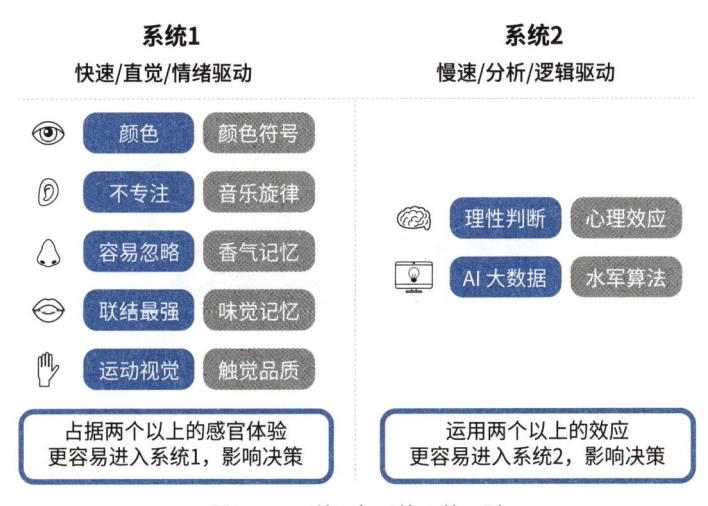

系统2
慢速/分析/逻辑驱动

- 🧠 理性判断 / 心理效应
- 💡 AI 大数据 / 水军算法

运用两个以上的效应更容易进入系统2，影响决策

图 3-1 系统 1 与系统 2 的区别

卡尼曼的书里有很多严谨的论述，这里不再赘述。行为经济学对峰值体验的思维体系有非常深刻的影响，在设计体验时，针对不同的 TA，要同时调动系统 1 和系统 2，才能更高效地进

入心智并产生行为。

在行为层面上，系统 1 运行是无意识且快速的，人们处于无法自主控制的状态。我们需要用五感进入系统 1，如颜色符号、音乐旋律、香气记忆、味觉记忆、触觉品质等等。如果同时使用两个以上的感官体验，会让消费者更容易进入系统 1，进而影响决策。

系统 2 靠逻辑驱动，需要高度专注，运作时会花费比较多的时间，十分耗费脑力。虽然行为经济学已经用各种科学研究证明了人类决策过程其实并不理性，但这并不妨碍人们有自认为客观、中立、理性的需求。

关键时刻 关键思维

系统 1/ 直觉，代表的是反射性思考；

系统 2/ 理性，是按部就班的分析能力。

行为层面上：

系统 1，无意识且快速，需要用五感去进入。

系统 2，靠逻辑去驱动，需要高度专注集中。

同时使用两个以上的感官体验，更容易进入系统 1。

在系统 1 和系统 2 的架构下，我把消费者分成 6 种（见图 3-2）。跟系统 1 有关的第一种人是"颜值感官党"，这种消费者最容易受外形、外观影响，所谓一眼心动、一见钟情，讲的就是这种人。

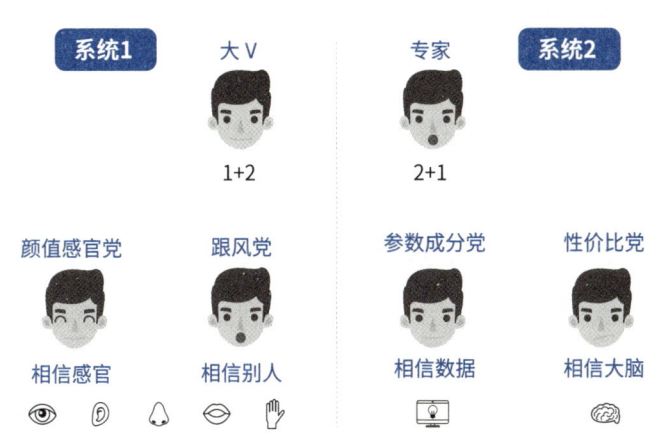

图 3-2 6 种消费者

颜值和感官泛指所有眼、耳、鼻、舌以及触觉能感受到的体验，尤其是视觉体验。从包装、造型、广告设计、色彩使用，到灯光情境等，这些体验设计要能恰当地被五感尤其是眼睛感知到，色彩的流动、视频节奏的强弱甚至游戏互动形式等，都会影响消费者的决定。

对颜值感官党来说，颜值就是第一关，没过这关，会被直接无视。所以，奶茶要卖给他们，就要五颜六色、外观漂亮；

车子、衣服、鞋子要卖给他们，就要抢眼亮丽；网络视频要让他们点开，标题页就要吸睛。有句网络流行语充分反映了颜值感官党的心声："我没义务透过你丑陋的外表，去认识你美丽的内心。"

颜值感官党的系统1很强大，自动性很强，想做他们的生意就要充分刺激他们的五感，尤其是视觉。

第二种消费者叫作"跟风党"，可以跟第三种消费者"大V"搭在一起讲。大V这些网络红人为了持续吸粉，必须非常有规律地更新内容。在这一前提下，大V需要新鲜内容、有趣视频、新的知识点才能维持热度，这和品牌方或者信息来源能形成各取所需的生态圈。

至于跟风党，他们喜欢凑热闹，喜欢炫耀，一窝蜂跟着起哄，他们觉得自己走在最前面，人生过得才有意思。所以，大V和跟风党一个吹风，一个跟风，都是由系统1主导行为的消费者。

系统2也有3种消费者："专家""参数成分党""性价比党"。他们比较信任所谓的客观数据，所以他们会逐一细看价格、原料来源、技术规格、大数据、专业机构认证、获奖纪录、排行榜，甚至写手撰写的测评报告、开箱视频、使用心得，包括正负评价等，比较到地老天荒就是他们的乐趣。通常，写的人就是"专家",看的人就是"参数成分党"。至于"性价比党",这类消费者就是双十一大促活动或者百货公司周年庆里面"买万送千"的主力,觉得自己赚到最重要。

如果了解大脑的运作,就可以知道真正做到纯理性太难了。但只要有人相信自己是理性的,我们就能让他觉得自己的决策很理性。

所以体验设计用一句话讲就是:

让消费者自以为在用系统 2,其实用的是系统 1;

真的在用系统 2 时,其实也只是大数据算法的结果。

4 个"没有"是四大维度的最大障碍

接下来我要讲洞察第二个重要的底层逻辑,也是洞察时最容易忽视的盲区与误区。我们在洞察时,找的是消费者进店、转化、复购、推荐的原因,但其实我们更需要知道的是"不"的原因,也就是他们为什么不进店、不转化、不复购、不推荐呢?

在某些状况下,"不"的原因比"要"的原因更重要。原因就是增量市场、新客户、小白与小黑,还有存量市场、红转黑。这些人正是出于那些"不"的原因,所以才不知道、不想买、不再买、不推荐。把这些"不"消灭了，把障碍移除了，才会产生我们想要的行为——进店、转化、复购、推荐。

这个底层逻辑来自行为经济学的展望理论。展望理论是由丹尼尔·卡尼曼和阿莫斯·特沃斯基在1979年提出的，它解释了人们在不确定条件下如何做出决策。展望理论的核心概念之一是"避损"，又称"损失厌恶"，这一概念让我们认识到，找出"不"比"要"的原因更重要。因此，在访谈消费者时，他们一讲到为什么"不"行动时，我们就要特别注意。

看一下下面的4个"没有"（见图3-3）。

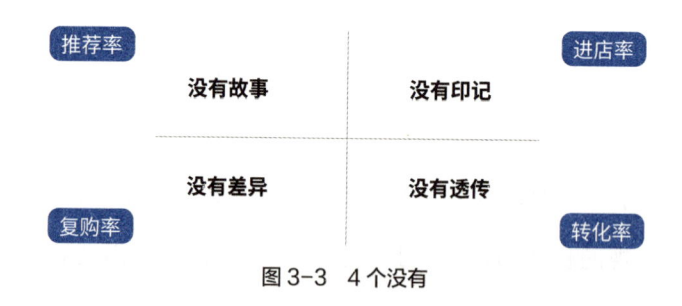

推荐率		进店率
没有故事	没有印记	
没有差异	没有透传	
复购率		转化率

图3-3　4个没有

没有印记、没有透传、没有差异、没有故事

它们就是进店、转化、复购、推荐四大维度"不"行动的主要原因。移除障碍，弥平低谷，正是要透过访谈去挖出来的。接下来我们进入四大维度，一一展开说明。

进店率，最怕"没有印记"

在"进店"这个维度，要追问以下 3 个关键问题：
- ☑ 风在哪里？
- ☑ 印记在哪里？
- ☑ 熵在哪里？

首先解释为什么要问风在哪里。所谓"风"，就是席卷消费者的视觉与听觉的巨大信息量。网络带风向、煽风点火、口碑营销，讲的都是类似的概念，就是通过有组织有计划的操作，在短时间内迅速曝光某个沟通目标。要吸引消费者进店，一定要把风吹起来。

有研究显示，如果把我们的手机、计算机、电视等所有设备考虑进去，乘以每天醒着的约 15 小时接触各种媒体的时间，那么每个人每天暴露在相当于 200 份报纸的信息量中。我们每天要被 3 000 则广告轰炸，但同时，人脑的专注力已经降低到 8 秒以下。

在如此的市场高能噪声下，企业还能再说酒香不怕巷子深吗？不要小瞧注意力匮乏的消费者有多被动，就怕你等到酒都馊了还没人上门。

风吹印记拉增量，风不吹，人不来。过去企业碰运气站对位置，等风口的大风吹起来带自己飞上天，而现在必须学习有系统地造风、吹风，要有能力带入流量才能活下去。

风吹印记拉增量，进店要吹 6 种风

风要吹起来，才能提升进店率。所以风在哪里？要怎么吹呢？第一种风最重要，就是朋友之间吹的风，也是最强的"跟风"。好东西要跟好朋友分享，我常笑说，这世界上"害"你最多的人就是你的朋友。今天他推你"入坑"，明天你喊他跟团，大家互相推荐，互相种草，使用者变成传播者，就是这种情况。

第二种风叫作"台风"，简单讲就是四大平台上刮起的旋风。四大平台指的是抖音、小红书、知乎、B 站。

这些平台的分发效率超级高，可以在短时间内非常准确地触达用户。我们要拉人进店，一定要懂得借力使力；倍增，速度才会快，才有机会非线性增长。这些平台上现在吹哪些风，怎么把风吹起来，我认为是进店必须做的事情。

第三种叫超级大 V 的"龙卷风"。大 V 这个词指的是在微博上十分活跃、有众多粉丝的公众人物，因为经过平台认证，

他们的网络昵称旁会有一个 V 字母图标，所以他们被网友称为大 V。我们可以把大 V 理解为具有影响力的网红、KOL（关键意见领袖）。

> **关键时刻　关键思维**
>
> 拉人进店，一定要懂得借力使力；
> 倍增，速度才会快，才有机会非线性增长。

大 V 也分不同等级。那些头部大 V、顶级网红，粉丝数量动辄百万、千万。交易规模都相当大，已经不能单纯用一个带货主播去看待，而是一个非常庞大的企业体量了。

企业要想在进店这个维度上发力，不可能避开网红生态圈，任何市场都一样。网红帮忙把风吹起来的效率很高，如果策略运用得当，风一阵一阵地吹，很快就能形成龙卷风，一下子刮遍平台，席卷所有 TA。

直播间带货更是获客后直接卖货，进店加转化一气呵成，影响力极其巨大。怎么通过大 V 帮我们把印记的风吹起来，把增量拉起来，是很关键的事。

第四种风是大数据销量评分的"人造风"。我们平常在外卖平台上怎么点东西？看餐厅评价，看排行榜。其实电商平台网页上的所有数据，不管是销售额、浏览次数、下载量、使用心得、测评报告、月售单数、排行榜、多少人次付款还是商家信用积分等，都是人工可控的。

什么意思？有没有听过网络"水军"？有没有听过"买榜"？网络上的数据和情报可能有水分，这是买卖双方都心知肚明的事。

当然，我绝对不鼓励造假，但对"参数成分党"来说，这些信息是很重要的。作为一个负责任的厂商，把成分、数据、规格、测评讲清楚，讲得让消费者秒懂，降低其选择障碍，是很基本的要求。品牌方要理解如何让平台系统推送的风有利于自己。

> **关键时刻　关键思维**
>
> 风吹印记拉增量，风不吹，人不来；
> 企业要有能力带入流量，才能活下去。

请记住，消费者在线上进店时，会同时用到系统1和系统2，你必须清楚底层逻辑。

第五种风叫作竞争对手吹的"妖风"。很多时候我们在前面辛苦地培育市场，结果别人捡了便宜。当竞争对手培育市场时，我们去捡便宜，谁说不行？风不吹、人不来，竞争对手帮你吹好了品类风，市场上有人帮你培育好了消费者，直接收割速度才快。要懂得善用。

第六种风是事件的"热点风"。什么是热点话题就跟着什么走。例如大热剧集《庆余年2》上映时，男主角的饰演者张若昀就代言了超市、服饰、金饰……在全国全网爆火，这就是正确的铺陈。热门事件、热门话题、热搜排行榜本身就自带流量，这种风跟得好，不用花大钱就能把客户的眼球抓过来。进店要吹的6种风见图3-4。

(1) 朋友是最强的跟风。
(2) 四大平台的台风。
(3) 超级大V的龙卷风。
(4) 大数据销量评分的人造风。
(5) 竞争对手吹的妖风。
(6) 事件的热点风。

图3-4 进店6种风

进店的十大印记

进店这个维度第二个要探询的问题,就是印记在哪里。印记就是识别。这里我归纳了 10 个强印记,左栏 1 到 5 是系统 1 的印记,右栏 6 到 10 是系统 2 的印记(见图 3-5)。系统 1 指的是本能直觉、五感反应;系统 2 则是理性分析与逻辑思考。我在《峰值体验》里已经举了大量案例,有兴趣的读者可以参考《峰值体验》或卡尼曼的著作《思考,快与慢》。

系统1	印记	系统2	印记
1.	颜色	6.	品类名
2.	Logo	7.	爆品
3.	门店	8.	代言人
4.	产品外观	9.	产品名
5.	IP(知识产权)	10.	广告语

图 3-5　进店的十大印记

系统 1 的印记更直观,通过五感的刺激,能更快速进入消费者的心智。这就是为什么消费者更容易回想起品牌的颜色而不是广告语,或者我们记得一个人的脸或声音却想不起他的名字。

印记就是你的标识,同一个品类,谁先取得印记谁就能获胜。所以做营销要"以快打快",快很重要,印记就是谁先进入消费者心智，谁就先获胜。没有印记，消费者记不住、认不出，即使已经进入强势品类，你也只是在陪跑，花的钱也只是在帮竞争对手。

接下来是信息熵。熵是物理热力学第二定律的概念，熵值越高，系统越混乱。所以越高熵的信息，越不确定的信息，越容易吸引消费者进店。例如，几年前爆红的甜点"脏脏包"，一开始人们没听过，觉得很新奇，想进店去看看。或者刚上市的新能源车以前没看过，在购物中心闲逛时看到一楼有展示，就进去看看。

相反，信息的熵越低，消费者越确定，吸引进店的力量就越小。例如菠萝包，有谁不知道是什么呢？这么明确的东西，一定是有需要才去买，一般情况下没有人会被菠萝包吸引进店。再比如传统的燃油汽车，谁会没事突然跑进展示中心，也是有需要才进店。

很多传统企业或老品牌有进店的问题，就是其产品已经没有熵值了。所以在进店这个维度上，我们要如何用高熵信息去吸引消费者进店呢？用大白话讲，就是用好酷炫的、意义丰富的、涉及多重感官的信息。

高熵信息通常很容易勾起人的好奇心："这是啥？"或者非常新奇："哇！"让人不自觉想多看两眼。相反，没有熵值的信息，沟通效率很低。

每日黑巧"鲜萃黑巧"的包装，黑色三角形印记从头到尾一致性不断累加。我们仔细看每日黑巧这款产品，总共用上了几种印记呢？

（1）颜色 | 黑色与黄色

（2）形状 | 三角形

（3）Logo | 每日黑巧（字很大、很清楚）

（4）特别的产品外观 | 三角形的黑巧克力

（5）高熵产品名 | 鲜萃黑巧

（6）高熵信息 | 第四代巧克力提纯技术 SCe4

这是一款完全按照十大印记去打造的爆款商品，从里到外，连外包装也是。圣诞节、电商活动赞助，全部围绕着黑色三角形。"印记要叠加"，外加一个高熵信息"第四代巧克力提纯技术 SCe4"，系统 1 加系统 2，每一个设计的着力点都建立在十大印记之上。"鲜萃黑巧"单月单包产品就卖到千万元。

这一章讲的是洞察，所以在"进店"这个维度上我们要洞察什么呢？就是以下 3 点：

☑ 风在哪里？

☑ 印记在哪里？
☑ 熵在哪里？

风吹印记拉增量，在进店这个维度上，请熟记这个口诀，要把风吹起来，要留下印记。消费者进了店，没买没有关系，没有留下印记才是大问题。

转化率，最怕"没有透传"

消费者被你拉进店了，为什么不买？在转化这个维度上做洞察，我们要针对这 3 个点追问下去：

☑ 障碍在哪里？
☑ 美在哪里？
☑ 首单体验。

在转化这个维度，"放大你的美"和"降低选择障碍"是最重要的两个洞察，我无法再强调有多重要了。障碍必须被移除，然后你的美才能通过"首单体验"被放大，转化率才会高。消费者进店后流失，一定是因为你的美没有被透传，消费者没理解，所以不买。

讲得更清楚一点儿，只要有障碍，美就传不过去。因为人们一定是先避损后趋利。美没有被放大，美没有被透传，消费者当然不会被转化。

转化的十大障碍

我分享一个真观顾问的洞察案例，女性内衣品牌 ubras。在中国约有 3 000 多个内衣品牌参与市场竞争的情况下，ubras 以"无尺码内衣"成功进行品类突围，2021 年营业收入为 35 亿元，是货真价实的赛道王者。

ubras 找到真观顾问做洞察，我们来看这位小黑（不爱你的）是怎么说的：

Q：请问你为什么不买 ubras？

A：因为我怕 ubras 这种无尺码内衣真的舒适到胸部外扩都不知道，最怕这种很尴尬的时候，所以不太容易尝试这一款。

Q：你怎么知道 ubras 穿起来会外扩？

A：我猜的。因为我穿耐克运动内衣就发现自己胸部部分露在外面，全被人家看到了。

我们可以从这段对小黑的采访中收获到什么？消费者不买的障碍是什么？这里可以抓住的关键词是"怕胸部外扩"。无尺码内衣这个品类材质柔软，舒适有弹性，是一种无钢圈固定的内衣，但同时物理特性让女性消费者尤其是穿惯有钢圈内衣的女性形成一个隐含假设：无尺码内衣缺乏固定性会导致胸型不好看，仅适合胸部没那么大的女生穿。这就是消费者不买的障碍。

ubras的产品展示信息都是精准地响应小黑的购买"障碍"。怕胸型不好看？以为只有小胸才能穿吗？"向上撑、美美挺胸""立体聚拢""防下垂，托到F杯"，字体放大、粗体加黑。而且不仅仅是产品命名，从最上方的产品分类就切入了，和消费者沟通的路径非常短、非常快速，所有对产品的疑惑和障碍在第一步就被直接解决掉了。

产品信息中"第8代无尺码"，完全无须解释，一眼即知这是最新款。这款产品的老客户很容易就能对标，"我之前买的是第4代，现在是第8代，刚好该换一批内衣了"，消费者秒懂，才会一买再买。

这个"第8代无尺码"的标示，用数字1、2、3、4往下推进表达技术更新迭代，对以非英文为母语的人来说，肯定比X、T、S、Y这种标示系列的方式更直接。

客人进店后之所以没买，我帮大家整理好了10个主要障碍（见图3-6）。左边这一栏比较偏小白、新客人。你问小白为什么不买？最常听到的回答就是"看不懂""不知道怎么选""太贵了""没听过这牌子，没什么人提"。

小白	小黑
1. 没看懂	6. 不用换
2. 没法选	7. 不信你
3. 没预算	8. 不专业
4. 没兴趣	9. 不高级
5. 不高级	10. 不合适

图3-6 十大障碍

右边这一栏一看就知道是小黑会讲的话，小黑是你竞品的爱好者。你问他为什么就是不买，大概率会听到"这东西好丑""我现在用的这个很好用，先不用换""不是我会用的东西""看起来很低级""不专业"之类的话。

首单体验六问

转化这个维度第三个探询的重点，就是首单体验。客户进店后，经由降低选择障碍，放大你的美，顺利转化，掏出钱购买,这个关键时刻是客户第一次购买你的产品,这就是"首单体验"。有一个美好的首单体验,客户才会一买再买,为复购做铺垫。一个糟糕的首单体验会让一切戛然而止,首单即终单,没有以后了。

在设计首单体验时,我们很有必要厘清以下6个问题:

(1) 风吹的是你要交付的首单体验吗?

(2) 拿什么产品交付,峰值在哪里?

(3) 低谷被弥平了吗?不然首单即终单。

(4) 植入什么心智?印记在哪里?

(5) 产生什么行为?接下来该买什么?

(6) 你只能有一种首单体验吗?

我最想提醒的是第六个问题——你只能有一种首单体验吗?当然不是。我们最起码可以针对从来没有用过你的、没爱过你的小白设计一种首单体验,并针对使用竞争对手产品的、不爱你的小黑设计一种首单体验。小白和小黑的首单体验是你最需要打造的体验,因为这是你的增量市场。品牌要扩张必须做增量市场。

但是很明显,小白和小黑需要的首单体验是不一样的。小白没有接触过你的品牌,没有用过你的产品,需要比较多的培育引导。但小黑不见得是不懂的人，他们用过类似的产品，只是用的是你的竞争对手的产品。可惜，现在很多企业对不同用户一视同仁，搞得首单即终单。如果客户买一次就不买了，那就是在陪跑。

复购率，最怕"没有差异"

到了复购这个维度，我们要洞察什么呢？
☑ 值在哪里？
☑ 低谷在哪里？
☑ 七大情绪。

分享一个真观顾问做过的案例。现制茶饮是一个百花齐放、竞争激烈的市场。"沪上阿姨"茶饮品牌以一款颇具上海特色的"现煮五谷茶饮"打下江山，2019 年转型做新鲜水果茶。做市场研究时，我们找来一群小黑进行焦点小组访谈。

在我们的访谈中，有位受访者不断强调她只喝某个品牌的茶，她只认同某品牌的高端形象，没有任何其他品牌会让她转单。在焦点小组访谈进行到一半时，我们同时端上沪上阿姨 4 种不同口味的茶饮让消费者盲测。结果，前面坚持只喝

某品牌的那位受访者在喝了沪上阿姨的杨枝甘露后反应是这样的:

> 某小姐:"我觉得你们简直太好了,就应该替换掉某品牌,口感都一样,还便宜10元。用料很好,喝着也放心,但不像某品牌那么贵。不喝不知道,喝过以后感觉完全不同。"

你看看,同一位消费者,第一次喝这个品牌的茶饮,这个首单体验如此有冲击力!试喝前和试喝后讲的话完全不同。但这对竞争品牌来说有什么警示意义呢? 就是首单体验的重要性,如果首单体验差,产品就会被平价替代。消费者如果很难区分产品有何不同,竞品就会用更便宜的价钱取代你的产品。

复购的10个值了时刻

如果希望消费者一买再买,一定要让他觉得值了。那么有哪些操作手法能够让消费者觉得值了呢?

第一个值了的时刻,七情越多即越值。要跟着马斯洛的动机七情走,满足的动机需求越多越能让人感觉值了。举个例子,能让我感觉快乐,又能让我"装"起来,我立刻就觉得值了。

第二个值了的时刻，马上即享受。这重不重要？我们前面提过的早晨起来着急上班时的那杯咖啡，最重要的交付就是快。对现在的很多餐厅来说，"快"很重要。那些高级餐厅，客人一坐下来先上水、面包，甚至再给几样免费小菜，为什么？就是让客人尽快吃到点儿什么。

很多人在做体验设计时常掉进误区，追求仪式感、跪式服务等，却没有搞清楚现代消费者越来越追求快、越来越没耐性。我就亲眼见过某家米其林餐厅上餐后，服务生在旁边介绍蔬菜是哪位农民种的、鱼来自哪条河流，结果客人当场请他离开，别再讲了。

交付速度已经逐渐和价钱一样，成为评估商品或服务值不值的主要标准之一。

现代消费者对时效性、快节奏的要求是不可逆的。看影片要 1.5 倍速；听新闻要听整合好的；旧手机复制数据到新手机要一键迁移；连听歌曲都要少于 3 分钟，甚至很多歌曲都"没有前奏、0 秒进歌"，直接以"副歌"开头。整个世界都处在持续加速中，只会越来越快，企业必须认真思考把"快"当成主要"交付"之一，才能更好地满足消费者。

第三个值了的时刻，所见即所得。图 3-7 左边一栏列的你反过来做，都是死亡低谷。譬如所见非所得，直接结束。例如马上即享受，一旦超过这个时间点，消费者就会立刻感到不爽，这种对速度的心理预期你只能满足。

七情 越多即越值		**交付** 问题被解决	
即时 马上即享受		**先知** 省心被安排	
符合 所见即所得		**高频** 稳定才有感	
逆转 低谷变峰值		**低频** 刚需才加值	
打破 预期被打破		**变频** 场景多元化	

图 3-7　10 个值了时刻

第四个值了的时刻，讲的就是"逆转"，低谷变峰值。我在《峰值体验》里讲过一个我在飞机上遗失耳机的故事，旅途中旅客遗失东西是高频发生的低谷事件，但如果航空公司能提前预判旅客的这些低谷，把握这个关键时刻并妥善处理，就是低谷变峰值的绝佳示范。事实上，小黑经历的竞品的低谷就是我们的大好机会，如果我们能将其逆转，就是创造峰值的时刻。

第五个、第六个、第七个值了的时刻，也就是预期被打破（打破）、问题被解决（交付）、省心被安排（先知），讲的都是货逻辑，就是焦糖布丁理论提到的，每个消费者都有个任务或问题待解决,他的问题一旦被解决,他就会觉得你很专业。消费者为什么会找你呢?因为你非常理解他,都帮他想好了。为什么会觉得你专业?因为你减少了他的各种障碍,甚至超越了他的期待,让他觉得很简单,这样他就会觉得找你真的很值。

第八个值了的时刻,"高频,稳定才有感",意思是要让消费者有感,最好是高频事件。如果你能持续、稳定、一致地交付消费者常常要买、常常要用到的产品或服务,消费者就会觉得值了。高频稳定交付,品牌分发效率高,消费者能方便地买到拿到,而且交付的是相同质量的东西,就是值了的关键。

第九个值了的时刻,"低频,刚需才加值"。我用一个例子来说明,最近我们在做居家先生这个品牌的洞察,它们有一张桌子,收起来的时候是4人桌,但如果有朋友来家里做客,桌子一拉开就可以成为8人桌。很多人听到这里立刻就觉得自己可能用得到。

在小家庭里,8个人一起用一张桌子真的不是常常会发生的事,这就算低频事件了。但是不是刚需?是,总可能有客人上门。过年的时候亲戚朋友来,立刻用得到。所以,如果我们卖的是低频产品,最好确保它具备刚需的功能,如果既不是刚需又很低频，那么这个产品肯定很难让消费者觉得值了。

最后一个值了的时刻，"变频，场景多元化"。意思就是，这双鞋子我上班能穿运动也能穿，这件衣服工作场所能穿聚会也能穿。人、货、场交叉的地方越多，消费者就会觉得越值。

举个例子，我的客户女性流行服装品牌 SO NICE 最近推出一款"美白冰纱衣"。防晒是高频还是低频需求？你跟任何一个女生讲衣服能防晒，她马上眼睛睁大一倍，而且这款产品取名"美白"完全符合第一性原理。

这款"美白冰纱衣"首批设定为内搭单品，黑、蓝、白、灰这些基本色非常齐全，那么衣服的内搭是高频还是低频？当然是高频，每天都要穿的，而且多场景都能穿，580 元一件，有凉感又防晒，一上市很多消费者都直接包款包色，马上成爆品！

多频场景，像抖音、优兔、脸书、喜马拉雅 APP，都是多场景提供多元服务。想放松可以看，想学习知识可以用，听书、追剧甚至通过平台联系朋友都行，这就是各种场景都能用。一件衣服上班可以穿，下班约会也可以穿，这件衣服就是超值，这就是场逻辑。当品牌能满足消费者的高频使用和多频场景时，当变频、多元都能用上时，消费者一定觉得非常值。

> **关键时刻　关键思维**
>
> 高频，稳定才有感；
>
> 低频，刚需才加值；
>
> 变频，场景多元化。

推荐率，最怕"没有故事"

到了推荐这个维度，我们需要洞察什么？我的建议是聚焦于 3 个重点：

- ☑ 十"装"在哪里？
- ☑ 大 V 在哪里？
- ☑ 品牌个性。

消费者十"装"、大 V、品牌个性，前面的内容都已分别讲过，这里不再赘述。以上所有内容，我帮大家总结成图 3-8。

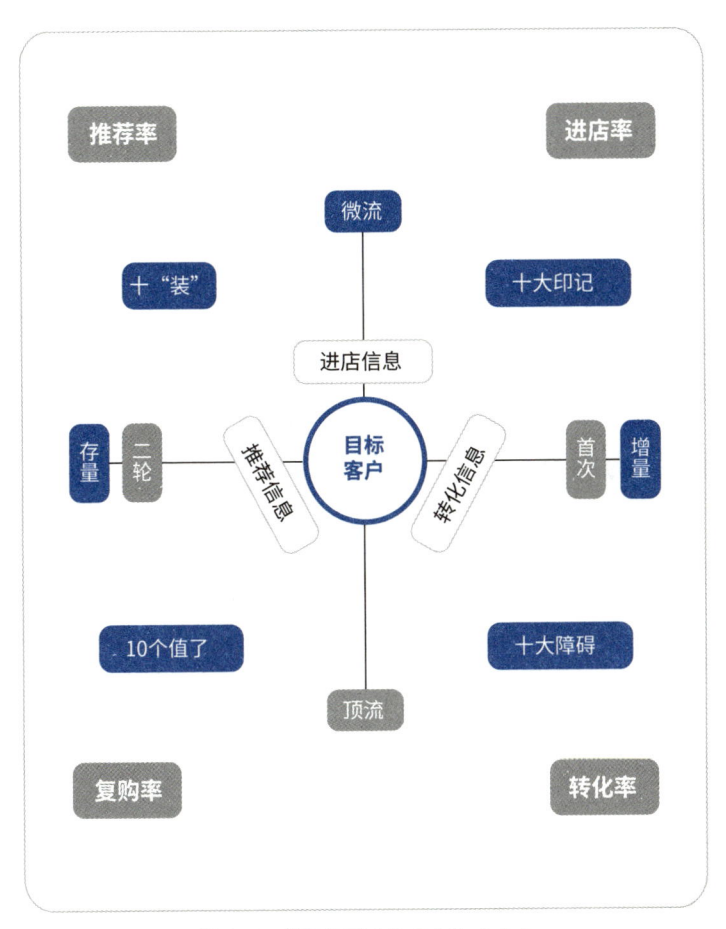

图3-8 以目标客户为中心的4个十

进店和转化，做的是增量市场，消费者都是首单、第一次和品牌接触。进店要用十大印记，转化要移除十大障碍。到了复购和推荐阶段，做的是存量市场、老客户，这些人已经买过你的东西了。在复购时我们要用 10 个值了，让消费者愿意一买再买；用消费者十"装"，让他们"装"起来，让使用者变成传播者，才会一传千里。

十大印记、十大障碍、10 个值了、十"装"。请大家务必记住，随时使用。

如何利用洞察，挖出 300 个 MOT？

第一步 | 问谁

洞察的第一个动作，就是找谁来访问。简单讲就是 4 种人，爱你的（小红）、不爱你的（小黑）、爱过你的（红转黑），以及从没爱过你的（小白）。这 4 种人可以作为市场研究的起点，让你快速切入，得到洞见。

第二步 | 28 题挖出 MOT

找到 4 种人来问，分别问什么问题呢？我给大家归纳了以下问题列表（见表 3-1），这是我们真观顾问在实际做洞察研究时会问的问题。在《峰值体验》出版后，我们对这些问题进行了反复淬炼、校准，在当时提出的问题架构上做了迭代，我认为现在的问题更直接、更准确。

我再次提醒各位，问题列表就是参考，不是规定。你如果有明确的问题需要探讨，当然以具体目标、具体回答为佳。但如果是洞察小白，不知从何处入手，这不失为一个题库，方便你快速切入。

表 3-1　问题列表

挖出"进店率"MOT 的问题	1. 你当初怎么知道这个品牌的？
	2. 你买东西会看什么平台，脸书、优兔、抖音、小红书？
	3. 这家店看起来如何？会想进吗？
	4. 当初谁跟你提的这个品牌？他是怎么说的？
	5. 你为什么不再关注这个品牌，你觉得它怎样？
	6. 当初对这个品牌感兴趣，是哪些内容吸引了你？
	7. 竞争对手的品牌是怎么吸引你的？
挖出"转化率"MOT 的问题	1. 你当初为什么想买？买来做什么？
	2. 买的时候，你比过哪些品牌？你是怎么比的？
	3. 你平常怎么做功课的，去哪里找资讯呢？
	4. 你一般都在哪里买？线上还是线下？为什么？
	5. 你觉得店里服务人员如何？线上网页的说明清楚吗？
	6. 你最后为什么买这个品牌？觉得这个品牌美在哪里？
	7. 你最后为什么买那个品牌？觉得其他品牌有什么问题吗？

(续表)

挖出"复购率"MOT 的问题	1. 你为什么会一直买这个品牌,你觉得值在哪里?
	2. 你最常使用的场景是什么?
	3. 这个品牌除了买这个产品,你还买过其他哪些产品?
	4. 你为什么买一次就不再买了?低谷在哪里?
	5. 你现在买了哪个品牌,你觉得哪里不一样?
	6. 你觉得这个品牌的售后服务如何?
	7. 你对这个品牌有什么建议?
挖出"推荐率"MOT 的问题	1. 你给朋友推荐过这个品牌吗?会是哪些朋友呢?
	2. 你觉得这个品牌会员系统如何?你清楚吗?
	3. 你买过后,跟这个品牌有互动吗?线下活动、线上社群?
	4. 你觉得这个品牌的社群氛围如何?
	5. 你觉得这个品牌都是谁在用?
	6. 脸书、优兔、抖音、小红书是怎么说这个品牌的?
	7. 对这个品牌,你留言、拍照、视频分享过吗?

第三步 | 挖出一卡车的词

挖出相关词语最好用的第一句话,就是问受访者:"可以给我 3 个形容词形容这个品牌吗?为什么会这样形容?"这在《峰值体验》中已经讲过,不再赘述。

各位可以多留意，最先从消费者嘴里蹦出来的词，通常就是品牌的印记。不管是形容词还是名词，或是 Logo，都是印记。例如，你问消费者提到苹果电脑会想到什么？智能。特斯拉汽车呢？可能会想到马斯克。这些都说明它们在消费者心中已留下强烈的印记。

做品牌的目标就是提升辨识度，品牌要能帮助消费者往自己身上贴标签。人们都想被看见，产品、品牌、符号都只是载体，消费者用这些东西的重点就在于表达"我是谁"。因此，品牌有办法帮助消费者，让别人一眼就知道他是谁就成为关键。

至于如何挖出一卡车的词，标签怎么找，词怎么联想，除了访谈消费者时其第一印象或第一句话，还要回到第一性原理。

很多人做洞察时从来没有根据"人、货、场"去问，提到咖啡，只想到又"香"又"浓"，那"快"重不重要？早上那杯咖啡重不重要？没有从情绪和场景切入，当然访谈不出关键词。

词穷，是很多企业的最大问题。为什么会词穷？因为只有"货"思维。没有"人"与"场"思维，只用货的角度去想，就会变得跟竞争对手一模一样，巧克力的形容词只会说"好吃"，衣服只会说"好看"，所有形容词都一样，没有差异化，没有印记，当然没什么用。

> **关键时刻　关键思维**
>
> 做品牌的目标就是提升辨识度，
> 品牌要能帮助消费者往自己身上贴标签。

那么要如何扩大词库、避免词穷呢？以下 8 个方面非常重要。利用好这 8 个方面可以帮助你在访谈消费者时挖出一卡车的词。

（1）**第一性的词**：人、货、场的词。

（2）**怎么形容你**：客户想到你就想到哪些词？尤其是高净值人群。

（3）**怎么形容竞争对手**：客户想到竞争对手会想到哪些词？

（4）**缺哪个维度**：如果你需要进店，或需要转化，那个词是什么？

（5）**美是哪个词**：放大你的美，那个美是什么？对不爱你的人（小黑）来说，障碍是什么词？

（6）**高熵**的词、**高信息增益**的词。

（7）什么是"**值了**"的词。

（8）那些写下来的 MOT，体现的是什么词？

这里有两个关键词：高熵、高信息增益。

高熵指那些信息量庞大、不确定性很高的状态；高信息增益指的则是确定性高的信息。后面章节会展开细讲，这里先记住这两个关键词即可。

第四步 | 进行访谈

要筹备好一场焦点小组访谈或一对一深入访谈，主持人是最重要的角色。企业可以委托市场调研公司中有经验的主持人，不过我更建议企业的营销人员自己练习操作，因为访谈不可能一次到位，企业总要学着自己来。

一位优秀的主持人会认真做好事前准备工作。主持人会善用认同的姿态去隐性地鼓励受访者多讲，包括主持人的身体姿势、语气、表情，都要能让受访者放松。受访者一定要放松了才能进入系统1，才会讲真话。我们千万不要启动受访者的系统2。

主持人一定要记住以下4点。

1. 这是聊天，不是拷问

题目设计很重要。**不要把消费者当顾问**，例如问他们产品要怎么改，或是品牌信息怎么写。如果都是这种系统2的题目，那么消费者真的会把自己当成顾问，那就不是消费者访谈了。

2. 在答案受干扰之前先把重要问题问完

尤其是焦点小组访谈，受访者会互相影响、看气氛回答等，所以最重要的题目要先问，一旦消费者互相影响，后面的回答就可能受到干扰，就会有误导、误判的可能。有经验的主持人会善用小黑板或小簿子，让消费者各自填答之后再出示，以免互相干扰。

3. 要追问

永远记住受访者说过什么，要往下追问，必要时反复确认他的答案是否前后一致。

4. 不要引导回答

受访者回答得太发散时要拉回主题，该打断时还是要打断。

接下来就是怎样找受访者。我建议找专业的市场调研公司帮忙找人，把受访者条件列出来，请市场调研公司布置下去，找到人之后进行严格的筛选。受访者的质量是消费者洞察研究的关键，毕竟这是质性研究而不是量化研究，所以要非常慎重地确定你招募的受访者条件。

如果是招募自己品牌的"小红"或"红转黑"，可以利用会员数据库，针对受访者条件筛选出合格的受访者，再请客服人员或者和消费者有交情的业务人员邀请他们参与访谈。要说清楚访谈的时间、地点、时长，并沟通好访谈礼金或礼品。但如果是招募不爱你的"小黑"或"小白"，我有一个额外的提醒，那就是不论是招募受访者、筛选还是做访谈，都不建议暴露自身品牌，最好以第三方名义操作。一方面是降低受访者的戒心，避免他们因有所顾忌而给出不真实的答案；另一方面是避免让竞争品牌注意到你正在访谈其消费者。

最后，建议大家在做消费者研究、在进会议室做访谈前，<u>先做好假设</u>。这场访谈你想得到什么答案？你有没有假定你的美是什么，再去加以确认？消费者目前最大的障碍是什么？你心里是否有谱儿？企业如果已经有产品设计雏形或草案，都可以拿来测试。

很多企业在做消费者访谈时，根本没有任何假设，只是瞎问，这样的访谈根本不会有结果。而且，我觉得这样做真的很可惜，消费者都找来了，弄一场焦点小组访谈可不容易，为什么不好好挖宝呢？

一般而言，我们做洞察至少会针对以下6个方面，做完全部的事前研究工作并形成假设，之后才展开实际消费者访谈：

(1) 增量怎么做？

(2) 存量怎么做？

(3) 我到底美在哪里？

(4) 消费者的障碍在哪里？

(5) 消费者的心智被什么占据了？

(6) 找到你的盲区与误区。

也就是说，消费者是被找来求证用的。

"我推测是这样，果然如此。"

"是不是卡在这里了？"

"我之后打算这样做，可行吗？"

内心先设定这样的假设，然后通过访谈设计加以验证。即使假设不成立，也能得到第一手的回馈，以便找出修正方向。

我们在为企业做消费者洞察研究时，一定会要求老板带着重要成员一起参与。这个过程是凝聚企业共识的好机会，因为亲眼见证真实访谈的冲击力，往往能瞬间拉齐企业内部的认知。以消费者发表的意见作为共同讨论的基础，企业对接下来的修改方向会有更好的把握。我非常欣赏企业内化做消费者访谈的能力，并鼓励更多员工一起参与。

我们不要企图用系统2的问题，让消费者给出系统1的答案。这 28 个问题没必要按顺序问下去，企业要根据侧重点，权衡问题的比重。再说一次，<u>不要把顾客当顾问</u>，我们要的就是他们直觉又真诚的反应，原始、模糊或粗糙都可能是对的，甚至未加工的第一反应最好。

第五步 | 写下 MOT 与词

做完洞察，开始展开 MOT 的撰写。

图 3-9 说要写下 300 个 MOT，这个数字只是用来形容数量越多越好。你可以放开来尽量写，先要有足够的 MOT，你才会有选项。

第一步	问谁	4种人
第二步	挖MOT	28题
第三步	挖词	第一句话、第一性
第四步	进行访谈	4场FGD
第五步	写下MOT与关键词	300个MOT与关键词

图 3-9 挖出 MOT 的五步

洞察 i 画布

在本书中，这张画布是其中一个关键交付，也是峰值体验系统的 4 个框架模型之一，非常重要。

洞察 i 画布

推荐率

- 21. 推荐的MOT
- 19. 有哪些大V？
- 20. 拟人标签：28个品牌个性标签
- 18. 消费者"装"什么？＋"装"
- 5. 小红的词
- 1. 第一性

复购率

- 17. 复购的MOT
- 16. 消费者动机：七大情绪
- 4. 红转黑的词
- 15. 买一次后就不买的低谷在哪里？
- 14. 消费者什么时候觉得值了？＋值

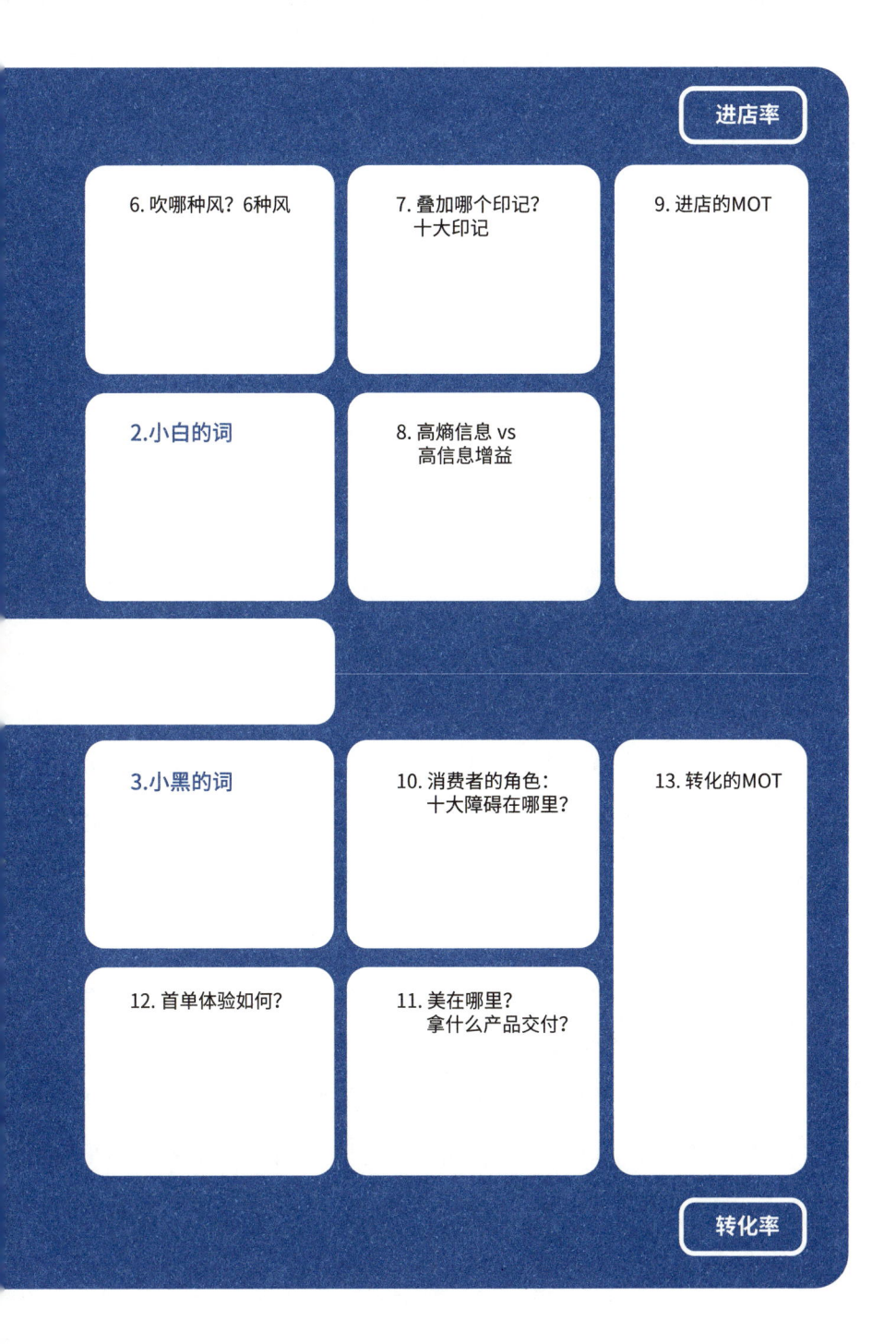

进店率

| 6. 吹哪种风？6种风 | 7. 叠加哪个印记？十大印记 | 9. 进店的MOT |

2. 小白的词

8. 高熵信息 vs 高信息增益

3. 小黑的词

10. 消费者的角色：十大障碍在哪里？

13. 转化的MOT

12. 首单体验如何？

11. 美在哪里？拿什么产品交付？

转化率

第3章 洞察，让企业有所选择

"洞察 i 画布"是把洞察在四大维度上的 12 个洞察点和底层逻辑归纳成一张画布，英文字母 i 代表 insight，洞见、洞察之意。

"洞察 i 画布"是一个战略底层逻辑检查表，用来提醒我们把步骤做实，不要有遗漏。在洞察时，这是必须交付的答案。做洞察时请一定要利用这个框架去做访谈，把答案逐一填在画布上。如果访谈结束时这张画布没有被填满，这个访谈就不具有战略意义。

小结

作为这一章的小结，我再次提醒，**峰值体验的核心就是效率**。一堆 290 无用功，抵不了一个峰值，这就是**选择大于努力**的深刻意义。但是，你有选择吗？你有没有为你的企业提供足够多的选项？

这一章就是期待各位能拥有不同的视角。访谈 4 种人，运用底层逻辑，挖出 300 个 MOT。

现在商业环境的主基调就是瞬息万变。小白没那么白，红黑转来转去，大红、大黑主导了舆论风向。你真正该担心的是现在爱你的人明天还会爱你吗？爱过你的人是不是越来越多了？甚至恨你的人越来越多了？

企业最烦恼的就是，爱你的不是你的最爱。大红只在大促时候买，小红甚至不促销不买。的确，他们很爱你的品牌和产品，但企业光靠促销买来的热爱能赚钱吗？小红、小黑、红转黑、小白，不同的人想的不一样，甚至同一个人在不同的时刻想的也不一样。企业抱怨自己没路走，可能因为看自己的角度不对，视角也不对。关键时刻的洞察，是企业"让自己有所选择"的第一步。

> **关键时刻 关键思维**
>
> 12个洞察点：
>
> 没有印记：风在哪里，印记在哪里，熵在哪里
>
> 没有透传：障碍在哪里，美在哪里，首单体验
>
> 没有差异：值在哪里，低谷在哪里，七大情绪
>
> 没有故事：十"装"在哪里，大V在哪里，品牌个性

第 4 章

做品牌就是要把自己变成锚

《峰值体验》曾经为各位介绍过 10 种行为经济学定律，它们源自诺贝尔经济学奖得主丹尼尔·卡尼曼提出的自我损耗、启动效应、认知放松、展望理论、锚定效应、规划谬误、框架效应、证真偏差、禀赋效应、心理账户。这里我想针对锚定效应展开讲一下。

锚定效应，也是认知偏差的一种。讲的是人们在做决定时，会受到第一时间所取得的片段数据的影响。这个第一印象可以被称为参照点，也就是"锚"。

锚定，是营销上的基本操作，可以说，几乎所有的定价策略都要经过锚定处理，例如，商场里常见的用粗笔在原价 299 元上打一个大叉写上特价 99 元的促销海报。在这个例子中，299 元就是锚，是参照点，用来对比 99 元有多便宜。

落地解码，植入人心；"锚"是一切事物的参照点

讲一个钻石之王海瑞·温斯顿卖黑珍珠的故事。

1973 年以前黑珍珠并不值钱，温斯顿先是把黑珍珠放在纽约第五大道珠宝店的橱窗里展示，标了个天价，并在黑珍珠旁放上顶级钻石珠宝一起陈列。然后，他在当时最流行的时尚杂志刊登跨页广告，广告 C 位放的正是黑珍珠，钻石和红宝石环绕一旁。温斯顿这样做让原本卖不掉的黑珍珠顿时成为贵妇名媛追捧的梦幻商品。

这个故事告诉我们什么？一个从未买过你产品的小白，当遇到没听过、不认识的对象时，他是没有办法评估其价值的。这时，你必须给他一个参照物去对比。在这个故事里，钻石和红宝石就是锚。贵妇不认识黑珍珠没关系，她们总买过钻石、红宝石、绿宝石，她们很清楚钻石的行情，这就是很经典的锚定操作。

这个故事深具启发意义的一点是，锚本身的价值是否合理无关紧要，重要的是消费者接受这个暗示。

锚 + 启动效应 = 快速进入心智

启动效应，意思是大脑受到某个外部信息的刺激，会激发我们立刻将既存的记忆与经验联结起来，这会在潜意识里影响我们的感受与行动。启动效应的发生是由于大脑储存长期记忆时会将信息进行分组，当我们被一个信息（词语、符号、图片）刺激时，同一组信息会被一同唤起。

我们所有的认知经验都会受到启动效应的影响，帮助我们在散乱又匆忙的世界里快速做出决定。这些决定未必都是最好、最正确的，毕竟启动效应受我们过去的情绪、感受和经验的限制，但这就是大脑系统 1 的运作原理，系统 1 会走快捷方式，省力且自动运行。

所以对品牌经营者来说，最重要的就是要洞察消费者对"关键词"的联想，利用"锚"去启动，让信息进入消费者的心智。

图 4-1 中的十五锚，对品牌来说是很好的参照点，能有效地激发消费者的联想，让他们对号入座。

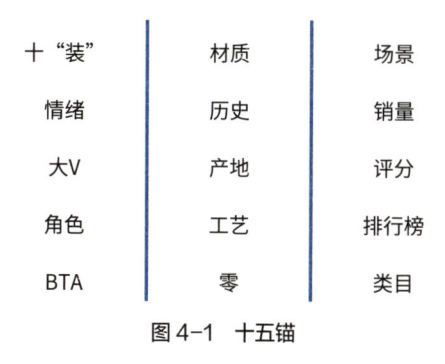

十"装"	材质	场景
情绪	历史	销量
大V	产地	评分
角色	工艺	排行榜
BTA	零	类目

图 4-1 十五锚

十五锚加速决策,"人、货、场"各有各的锚

"顾客不是想要占便宜,他们是要有一种占了便宜的感觉",这句话准确地描述了一种消费者心态。消费者想要满足的是一种底层情绪需求,例如显得很懂、很内行,总是走在潮流前面,想显得自信,能掌握一切,想做出正确决定,等等。所以,锚如果用对地方,就能悄然呼应他们的情绪。

举几个例子,孙艺珍代言的胶原蛋白就用了"大V""圈层""时尚"(消费者十"装")3个锚,是很直截了当的一种形象认同投射。

"喜欢吗?爸爸买给你!"这支乐透彩票广告放置的就是父子"角色"与"情绪"(爱与归属)这种亲情的锚。像"商务人士理想品牌""哈佛妈妈教养法""小资生活美学",也是关于"角色"的锚，让人从社会地位上很方便去对标。

BTA（品牌目标市场客户）是品牌锁定的第一批目标消费者，例如羊奶粉要卖给那些孩子喝牛奶过敏的妈妈，她们就是锚。十五锚里的十"装"、情绪、大V、角色、BTA（见图4-2左栏），都是人、货、场里关于"人"的锚。

至于材质、历史、产地、工艺、零（见图4-2中间栏），就是人、货、场里"货"的锚。例如法国矿泉水依云（Evian）"来自阿尔卑斯山山脚下、日内瓦湖南岸名为Evian-les-Basin小镇的涌泉水源"，这就是产地的锚。

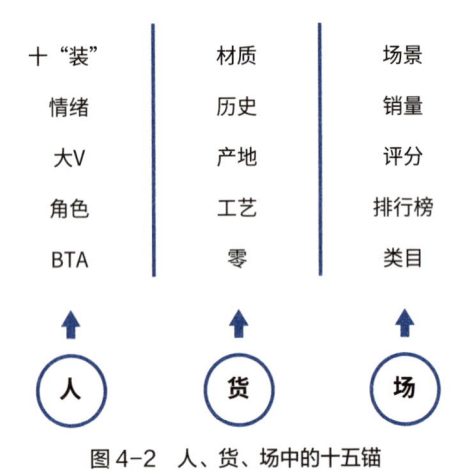

十"装"	材质	场景
情绪	历史	销量
大V	产地	评分
角色	工艺	排行榜
BTA	零	类目
↑	↑	↑
人	货	场

图4-2 人、货、场中的十五锚

"百分之百天然有机棉，经全球有机纺织品标准认证"，就是材质的锚。"反复加压50次的团揉工艺乌龙茶"，用的是工艺的锚。零又是什么锚呢？就是零添加、零农药、零污染、零加工、零防腐剂、零废弃物、零碳排放，这些零都是很好的标签，让喜好天然、重视环保的人可以对标。

再来说图4-2最右边一栏，什么是场景的锚？

"喝咖啡、吃甜食，让你胃食管反流了吗？"就是在说场景。"No.1国民乳霜""百万销量经典款""外销日本百万件""冠军池上白米""世界杯咖啡大师严选手冲咖啡豆"，都是用上了销量、排名、品类这类锚，这些锚放上去，是不是立刻感觉很厉害？

这十五锚分别对应了"人、货、场"的不同标签。这些关键词就是标签、锚，能提供充足的心理暗示和诱饵，刺激消费者并引发联想。

标示"冠军"就显得厉害；"欧美原装进口"就暗示是高档货，"日本制造"质量就是比较好；都卖了"100万件"肯定不会错，"百年品牌"不会随便拿信用开玩笑。"孙艺珍也在喝"的胶原蛋白就是美丽时尚，用"Apple Vision Pro"（苹果首款头戴式显示设备）的就是有钱的前沿科技粉。消费者自行脑补，就是品牌做锚定时希望达到的效果。

锚是本来就存在于消费者心智的隐含假设，有了锚和标签，就不用解释。借力使力，好的锚能帮助消费者加速决策，植入心智。品牌的责任就是要帮助消费者去锚定，直接指路给答案。

品牌使用锚定效应，一定要清楚那个"锚"确有优势，再把自己的锚定在那里。锚需要具备足够的吸引力和清晰的定位，与自己的品牌要有可比性。

讲到这里你就可以明白，所谓做品牌，就是要把自己打造成锚。高奢品牌、知名品牌、强势品牌……所有你讲得出名号的品牌，本身都是大锚。这些锚的拟人性格、氛围、调性、气质甚至社会地位，都是具体而明确的。

同样是德国车，讲到奥迪、宝马、奔驰或保时捷，你的脑海里是不是马上出现不同的形象？更不用说德国车、法国车、意大利车给人的感觉了。这就是锚，形象立体、明快、直接，不用解释，人们秒懂。

品牌联名：以锚破圈，进入增量市场

知名品牌本身就是大锚，大锚和大锚联名，从增量和存量市场去洞察，"我的存量，就是你的增量"，这样的大锚跨界联名，就能破圈进入新领域。

以一个很厉害的三方联名款产品来说，"欧米茄＋斯沃琪＋史努比"的月相表赚翻了，真是一表难求。欧米茄接触到了更广泛的年轻手表收藏家,斯沃琪一举提高了约3倍的售价,史努比奠定了这个IP(知识产权)在美国国家航空航天局的历史地位,为这次联名强化了太空科技氛围。这等于一次联名让3个品牌都破圈了。

接下来的章节,我们要说明的是峰值体验"增量／存量双增长"模型里品牌经营最重要的三大变量,就是选对人、做对事、说对话。

第2部分
三大变量

- 品牌战略三大变量之一：选对人
- 品牌战略三大变量之二：做对事
- 品牌战略三大变量之三：说对话

第 5 章

品牌战略三大变量之一：选对人

《峰值体验》一书已经很明确地阐释过，选对战场是一个将军最重要的职责，将军要确保在哪个战场可以获得胜利。"选对人"这个品牌战略的第一大变量，营销学上称为选择 TA（目标客户），就是一个超级大变量，企业最容易犯的错也在这里。

我在课堂上常常问学员，你的公司选择 TA 的战略思维是什么？难道就是因为 TA 会买你的产品吗？

"爱你的人不是你的最爱"，这些一直买你产品的人，有没有让你的品牌赚到复利呢？做品牌没有产生复利，你做品牌干吗？

这里我们说一下重点。

选 TA 的思维：

要先在 BTA 获胜，再进入 MTA（更大的目标市场客户）。

BTA 能不能帮企业延伸到主战场产生复利，就是最重要的战略思维。

一句话，要怎么选 TA？就是看这个 TA 能不能帮你延伸到主战场。如果不能，TA 对你的战略价值就低了。但我们要不要这种消费者？当然要。这些一直买一直消费的客户，我们称他们为 RTA（收益 TA），这些人会给你带来营业额。那些能帮品牌建立知名度的消费者就是 BTA（品牌 TA）。

在增量/存量双增长的模型下，企业需要 RTA，更需要 BTA，只是做法不一样。这就是本章要阐述的最重要的概念。

在《峰值体验》和本书中，BTA 和 MTA 我用的英文略有不同，目的是将其简化，更容易记，但核心意义不变：

BTA 代表品牌目标市场客户，就是帮你带来名气的客户；
MTA 代表更大的目标市场客户，也就是主战场客户。

洞察一个很重要的目标，就是找到市场的缺口。从这个缺口进入，第一个要攻下来的目标市场，就是 BTA。把这个 BTA 打透之后，再延伸到主战场。

选择 BTA 的原则，这里我们将《峰值体验》提到的四大原则简化成三大原则：

（1）BTA 重视的 MOT，我们有优势能比竞品做得好。

我们做 BTA 的重要目的，就是把使用者变成传播者；这个 MOT 我们打透了，美才能被放大，BTA 才会觉得值了，才会到处推荐。

（2）BTA 要能倍增，造成跟风。

BTA 是细胞，是种子用户，具有代表性，会裂变能拉新。这个传播者要能快速倍增，这样其他人才会跟风。BTA 必须是你的好故事，能一传千里。

（3）BTA 被满足后，有足够的产品让 BTA 一买再买。

选择 BTA 是一种非常重要的战略思维，我们一开始就应该把那些**大传播者**作为首选目标，这些人的传播效率高，品牌能快速地一传千里。BTA 一定要能帮你延伸到主战场，才具有战略价值。

所以，我们对 BTA 足够了解吗？企业一开始的洞察，我们又多了一个 BTA / RTA 视角。但是，BTA 重视的 MOT 是什么？要怎么打透这些 MOT？

再买 2、3、4：BTA 一买再买的产品布局

企业花很大力气把 BTA 做起来，客户爱上你了，但是当他说还要买时，你却没东西卖了。如果你的首单产品是低频产品，那就是标准的首单即终单。不用猜，一定完了。

后面我会提到"四大产品画布"，消费者进店的时候，你用什么产品去吸睛？转化时有没有流量产品？要让消费者复购时，什么产品能带来利润？最后，要推荐的时候，你有经典产品能让人推荐吗？

企业一开始就要想好"再买 2、3、4"是什么，1 之后的 2、3、4 是什么？也就是你要拿什么让 BTA 一买再买？进店产品、流量产品、利润产品、经典产品，需要有一波又一波的推进计划。

消费者买家具就是很经典的"再买 2、3、4"。买了沙发之后买茶几，买了床垫之后想换床架，床架之后还有床头柜……这种一连串的"再买 2、3、4"，如果你只卖沙发，他就只能去找别人买茶几，那就是白白帮别人作嫁衣裳。

BTA 九宫格，找到你的大传播者

图 5-1 是个 BTA 九宫格，让大家在设定 BTA 时能有更多的灵感。这个九宫格里的条件都具有很高的影响力，具有快速裂变的潜力。

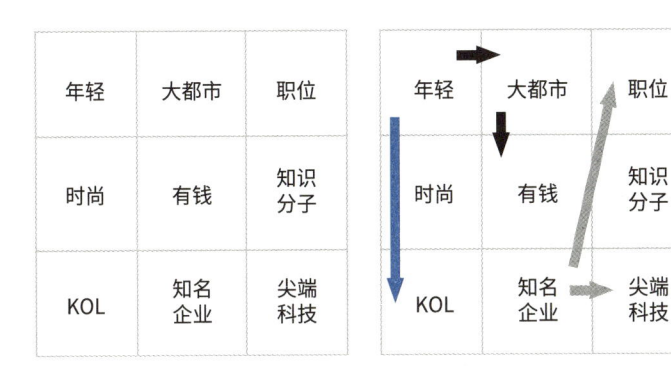

年轻	大都市	职位
时尚	有钱	知识分子
KOL	知名企业	尖端科技

年轻	大都市	职位
时尚	有钱	知识分子
KOL	知名企业	尖端科技

图 5-1　BTA 九宫格连连看

这个九宫格怎么用呢？要把里面这 9 个条件连连看，连起来多的，就是非常棒的 BTA。举个例子：

住在纽约的富二代，就是黑色连线（→）

开特斯拉的专业经理人，就是灰色连线（→）

22 岁的美妆博主，就是蓝色连线（→）。

把这些条件组合起来，就是非常正确的 BTA、非常好的目标客户。就选择 BTA 来说，以延伸与裂变为思考核心，年轻人比老年人、都市人比乡村人、有钱人比没钱人更具战略效益。这和年龄歧视或阶级无关,而是考虑信息的传播以及影响力的扩散效率。品牌的战略思维就是效率与复利,谁能迅速把风吹起来,谁又能让跟风的变多,谁就是 BTA 的评估重点。

拿年纪来说,中老年人并不会排斥年轻人的吃穿用,有可能还会觉得很新潮、很时髦,但老年人偏好的品牌应该比较难打进年轻人群。一个明显的案例就是 ubras 这个无尺码内衣品牌,如果不是让年轻女性先穿,而是锁定成熟女性做 BTA,今天就很难成为赛道中的王者。先拿年轻人当 BTA,就是战略延伸的意义。

以职位高低来说,高职位的人通常具有较高的收入和社会地位,而且他们在带领团队时擅长发挥影响力,这使得他们的言行甚至价值观会被效仿。

> **关键时刻　关键思维**
>
> 选择 BTA,以延伸与裂变为思考核心。
>
> 战略效益 | 年轻人 > 老年人、都市人 > 乡村人、有钱人 > 没钱人。

这在过去说的可能是老板、总经理之类的管理层，但现在另外一种新形态领导阶层正在崛起，就是大 V、网红、KOL，或者你认识的那些"人脉王"，这些具有大量社交资本的人通过人脉网络产生的影响力更为惊人。

接下来看看城市或乡村的风怎么吹。一般来说，城市里的消费者被高强度的信息量全方位覆盖，各种媒体的主动或被动推送使得新信息的传播速度很快。加上实体与虚拟渠道销售网络的完善，城市里的消费者会更早买，也会买更多。以产品的推广或营销效率而言，城市消费者的接纳速度的确更快。

有钱的、时尚的、知识分子这 3 个条件可以一起说明。这 3 种人有一个共性，因为经济条件比较好，或者接受新知识和新信息的态度比较开放，他们愿意更早、更频繁地尝试新产品、新科技、新理念。

关键时刻 关键思维

品牌的战略思维就是效率与复利，

谁能迅速把风吹起来，谁又能让跟风的变多，

谁就是 BTA 的评估重点。

至于在大企业上班，这是一个很具体的标签，是一个很大的锚，比如世界 500 强企业、上市公司、隐形冠军等等。这些市场上的领导品牌、产业领导者，公司本身的优异表现，或者员工的精英特质，通常会成为市场的标杆或参照点。

最后就是会使用尖端科技或创新产品的人，因为这些前瞻技术或科技对趋势发展有很强的引导作用，本身就是很强的锚。这些科技先行者对后续的消费者会起到示范作用。

这 BTA 九宫格里的 9 个条件，为企业在选择 BTA 时提供了排列组合。如果要更全面地探询个人行为如何被其身处的环境影响，可以从生活方式、家庭观念、集体主义、高媒体曝光量、社交圈的紧密程度去思考，不必局限于九宫格里的 9 个条件。

这里就不展开了，不要纠结，要保持弹性，根据企业的情况做决定。

名利双收、人财两得的 TA 战略思维

关键时刻的落地，就是要"打透"。要想打透，先要选对 BTA，洞察出他认为最重要的 8 个 MOT，然后让他超爱你的 8 个最美的 MOT。选对 MOT，连续做对，1 厘米宽打出 1 万米深，

全力以赴才能击穿！

也可以这么说，BTA 就是帮品牌带来"名"的消费者。那么谁帮你带来"利"呢？那就是 RTA。企业需要 RTA 带来源源不断的营收。

所以，在企业布局中，我们需要 RTA，也需要 BTA。因为，没有 RTA 企业活不过今天，没有 BTA 企业做的不是品牌。

做好 BTA，企业才有故事可以讲，才能宣传，因为 BTA 的分发、延伸、裂变效应放大了企业的美。

BTA 就是你的锚。但如果没有 RTA，你的现金流就会出问题，企业就会活不下去，企业还是要顾好 RTA。而当你的品牌变成锚的时候，品牌溢价就会出现。接下来，HTA（高净值人群）帮你带来利润，这时你才是真正地人也得、财也得，名利双收。

五大收益目标客户

RTA 会带来营业额，我借用"韭菜"这个词是为了方便表达。韭菜容易种又长得快，割了还会再长，可以一直卖钱，是种好作物。所以从企业的角度来说，哪个市场有可以经营获利的 RTA 呢？

利用前面所说的底层逻辑与视角，五大收益目标客户的来源是：

（1）性价比党与跟风党；

（2）小白；

（3）来自信息不对称；

（4）来自平台红利：大平台狂推；

（5）觉得自己赚到了的人。

第一种是性价比党与跟风党。这里有使用系统1的人，也有使用系统2的人。性价比党是一群对价格极其敏感的人，永远在追寻最好的交易，为什么他们会是好的收益目标客户呢？因为只要降价5元、10元，他们就会立刻购买，对企业而言是一种立即有效的进账。

跟风党则是跟随大多数人的选择做决定，这么做他们感觉容易又安全。简单讲，就是超级避损，跟着大家买肯定没错。对跟风党来说，这样做消除了做选择的压力，要买就买最畅销的，要用就用零差评的，要上餐厅当然去排队人多的，这多省心。所以，跟风党是一群很好的客户，就是带货主播喊"家人们，冲啊"，马上就下单的好客户。

第二种是小白，是一群还不认识你、没有用过你产品的人。

说服小白比说服小黑甚至红转黑都容易。只要移除购买障碍，减少选择障碍，小白相对容易买单。还记得第3章讲的十大障碍吗？那些就是你该消除的。因为小白对你的品牌或产品没有偏见，你能在一个好的起跑点上做进店转化。

举个例子，现在很多女性很独立，不想找人帮忙，从装修房子、粉刷墙壁、钉书架到安装无线网络，甚至在墙上钻孔安装灯，已经有越来越多的女性自己动手了。对这些新手小白来说，如果你的产品从头到尾都很容易使用，客服很友善，她们问什么都能很快获得答案，"无痛上手""手残党也会用"，她们就会迅速接纳你的产品。

第三种收益目标客户，来自信息不对称。两边拥有的信息量不同，或者信息质量不同，就是一种不对称。还有一种状况是信息时差，就是两边获得信息的时间有先有后，这同样是一种不对称。

只要信息存在不对称，就存在红利。例如，纽约流行什么我们可能还不知道，或者富豪圈层流行什么工薪阶层还不知道，这都是商机。说白了，信息少的或者信息慢的那一边就是收益目标客户，只是现在这种信息不对称产生的获客时间越来越短。不过，信息不对称是永远存在的，因为不可能所有人的认知都是对齐的。

第四种收益目标客户来自大型平台狂推或相互竞争时所产生的平台红利。举例来说,陌陌购物网、电脑之家购物、虾皮购物相互竞争时,会有很多补贴、折扣、免运费等红利。作为小品牌、小厂商,在没有多余营销资源去触达受众的前提下,一定要搭上这些平台的顺风车,趁机获客。简单讲,就是平台相互竞争,品牌从中获利。

第五种就是觉得自己赚到了的人。例如,前阵子很流行的币圈,玩加密货币的那群人。第一天觉得自己要快点儿上车才能割别人的韭菜,第二天发现自己才是韭菜,第三天发现所有人都是韭菜,币圈交易所或者美国政府才是顶层收割机。很多这种自以为赚到了、自以为比别人聪明、自以为抢得比别人快的人,都是超级收益目标客户。

三破:破圈、破解、破局

在 TA 的战略思维下,面对消费者我们一定要破圈,破圈才有增量,破圈才有机会产生非线性增长。

下面我想说明三破:破圈、破解、破局。

第一个破,是破圈。破圈的内核是突破原有的圈层,我们不能只有一种 TA。选择 TA 最重要的就是能破圈,如果不破圈,就只有存量，使用者没有变成传播者，无法形成增量，转而依靠流量，到最后只成就了 MCN（多频道网络）公司或广告投放公司。

第二个破叫破解，破解是针对竞争对手的，我们要重新洞察"第一性原理的人、货、场"，弄明白你的交付。举例来说，对现做咖啡市场来说，便利店 7-ELEVEn 就是找到了关键交付。比制作咖啡的速度，比分发效应，7-ELEVEn 直接开了一个新赛道，不用研究就知道它一定能获得非线性增长。不要小看 7-ELEVEn 在咖啡这个赛道上的投入，7-ELEVEn 为了确保在高峰时期依旧能大量、稳定、快速地供应咖啡，店里用的全自动咖啡机是顶级的商用款，一杯拿铁 45 秒完成，这就是 7-ELEVEn 为了打透"快"这个 MOT 所下的功夫，你必须破解竞争对手为什么要这么做。

第三个破更重要，是破局。我们要在自己企业的内部破掉那个针对存量已经固化的经营模式。企业为什么做不到增量？因为企业的整个布局都是为存量而存在的，思维、视角、组织结构，甚至人员心态，都只会做存量，不断从老客户身上获利。"路径依赖"是企业成长受限的主因之一，如果不突破这个困局，就做不到增量。这个局最需要破，走老路到不了新天地。

这 3 个破，针对消费者破圈，针对竞争对手要破解，而破局是要破自己。这才是战略思维的综观全局。

> **关键时刻 关键思维**
>
> 针对消费者破圈,针对竞争对手破解,最后要破自己;破局,就是破掉针对存量的固化经营模式。

选对人,就两件事

峰值体验"增量 / 存量双增长"模型,最重要的三大变量,第一个变量是选对人,如果要浓缩,就两件事:

- ☑ 谁才是你该爱的?
- ☑ 收益目标客户到底在哪里?

洞察的价值就是找到缺口,从这个缺口打开你的赛道,这个缺口也是你的商机,就是MOT。这些你该爱的人,就是BTA。

哪个品牌都不可能第一天就进入主战场,也不可能第一天就被大家觉得很高级,成功的企业都是一边从RTA身上赚钱,获取养分,一边找到BTA,再不断破圈。

企业还是需要能对快速收获现金流有帮助的消费群体，对 RTA 企业闷声赚大钱就好。但话说回来，只有 RTA，品牌永远无法卖得更贵。只有攻下 BTA，才是真正有了品牌，这些 BTA 就是品牌的锚。

最后，我给大家创造了一个谐音梗"TA 三有"，就是希望好记。我们找 TA，就是要：

有值、有量、有多闻

意思就是，企业要靠 RTA 把销量做起来，有钱有底气；然后让 BTA 把品牌打响，品牌声誉提高，越多人知道越好，所以说是多闻；而 HTA 可以为品牌创造高收益。

HTA 有值、RTA 有量、BTA 有多闻。

希望大家都名利双收，人财两得。

第 6 章

品牌战略三大变量之二：做对事

峰值体验的落地，第二个重要变量就是做对事。什么叫做对事？就是 300-10=290。

我们要把关键的 10 件事找出来，弄清楚消费者的 MOT，明白哪些是最重要的，再打造 MOTX（X 为体验），这样我们才能做成那群人的生意。

那么 300 选 10 怎么选？这个"选 MOT 的思维概念"很重要。

我们要先把 300 个 MOT **按照"重要性"排序**，这不是由企业判断的，而是根据洞察。在做消费者访谈时，问他们在意哪些 MOT，都写下来；再问哪个 MOT 最重要，依次排下来。举例说明，你如果问消费者选择餐厅时会考虑哪些，比如好吃、食材、价钱、装潢、服务……他们可能会想到很多，那就都记下来，这些都是 MOT。

选择 MOT 的思维概念

接下来，在众多的 MOT 中，如果他们觉得对餐厅来说"好吃"最重要，就把"好吃"放在第一位，然后一个一个排下去，排到最不重要的 MOT 为止（见图 6-1）。

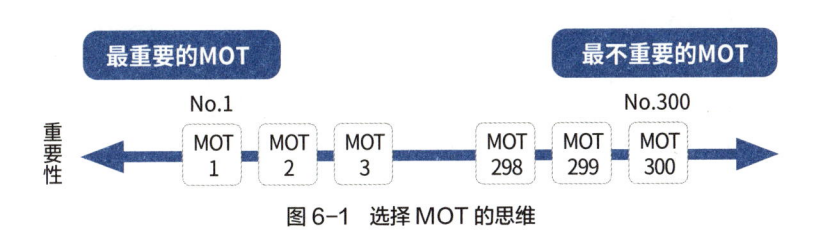

图 6-1 选择 MOT 的思维

MOT 依照重要性都排完之后，请消费者用"满意度"排序。这时候请注意，和重要性不一样，我们要把最不满意的放左边，最满意的放右边。满意度问的是，消费者对你在这些 MOT 中表现得好不好的评价。例如餐厅调查，消费者可能觉得对一家餐厅来说好不好吃最重要，但你的餐厅就是不好吃。请诚实面对，放在图上。

把 MOT 的重要性和满意度按序排好后，我们会得到

图 6-2。这时候我们在最左边前十名 MOT 那边画一条垂直线，仔细观察。如果上面和下面同时出现相同颜色的 MOT（见图 6-3），那就真的很糟糕了。最左边的灰色 MOT（最重要的 MOT1 和最不满意的 MOT300）表示，消费者最重视的 MOT 是你做得最不好的，我称之为"死亡低谷"。这里的 MOT，你不改就完了。

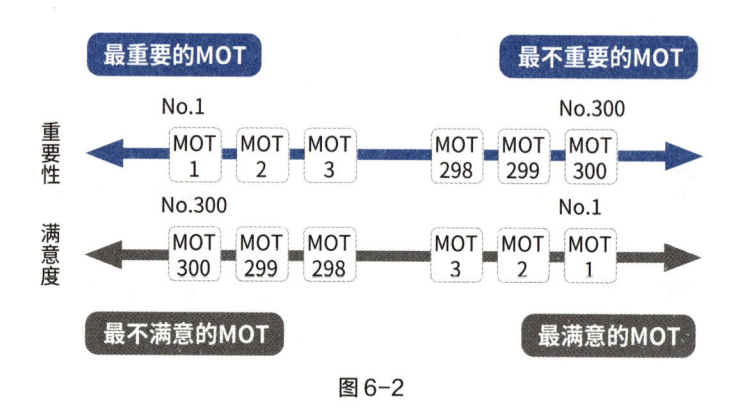

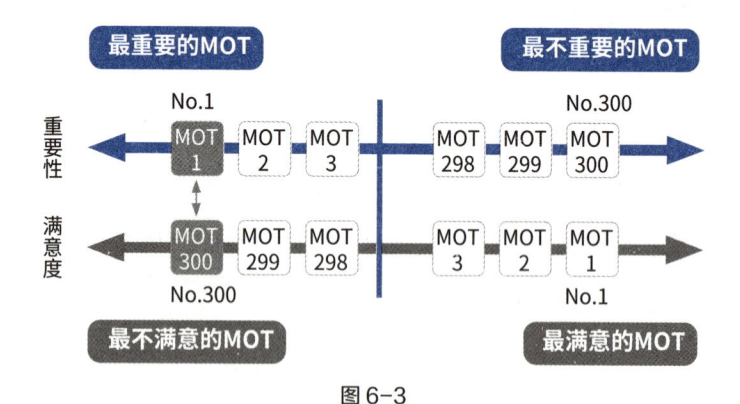

图 6-2

图 6-3

相反，最右边那些 MOT 属于无用功。虽然消费者觉得这些 MOT 你做得非常好，他很满意，但问题是这些 MOT 一点儿都不重要。你花了那么多力气和资源做得那么好，却完全影响不了消费者的行为。是的，你的产品的确取悦了消费者，但他没有花钱买你的产品，这样你还要一直做下去吗？所以，峰值体验在哪呢？就是图 6-4 上那些消费者觉得最重要又最满意的蓝色 MOT（如最重要的 MOT3 和最不满意的 MOT298），这些 MOT 就是你的峰值体验。

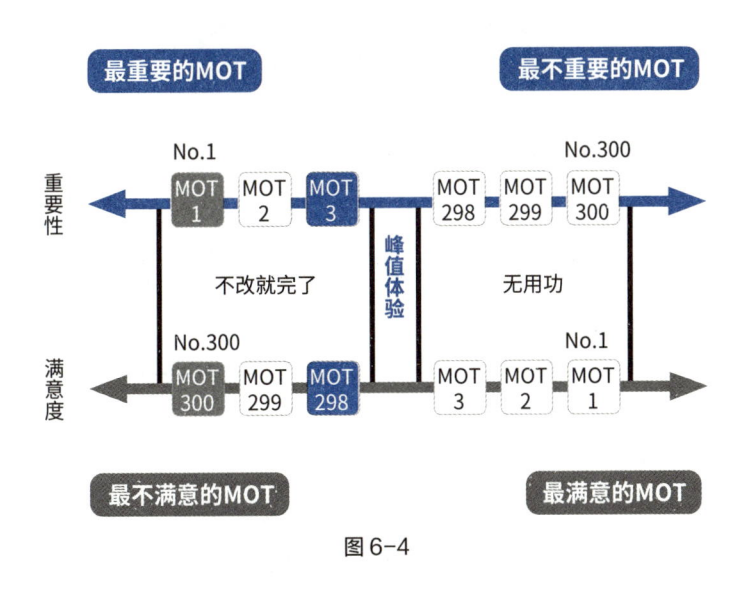

图 6-4

所以你现在应该可以明白，为什么我再三强调我们先要有 300 个 MOT。如果一开始只有 10 个 MOT，你连排序都没法进行，而且非常有可能你的 10 个 MOT 跟竞争对手的一模一样，那又怎能做出差异呢？

上述做法只是访谈小红（爱你的）就可以获得如此清晰的答案，你如果再访谈小黑（不爱你的），马上就能得知你的竞争对手在这些关键时刻做得怎样。如果有消费者觉得很重要的 MOT，但竞争对手做得很差，那简直太好了！这些 MOT 你只要打透，那些小黑就会被你拉过来，增量就做起来了。

> **关键时刻　关键思维**
>
> 弄清楚消费者的 MOT，明白哪些是最重要的，再打造 MOTX，才能做成那群人的生意。
>
> 峰值体验在哪里？就是那些消费者觉得最重要又最满意的 MOT。

选择 MOT 的 10 个原则

如何选择 MOT？《峰值体验》里简单地讲了 9 个原则，本书重新整理，不但深化成 10 个选 MOT 的原则，而且会细讲，帮助你评估哪个 MOT 能起到关键作用，理解这些原则背后的原因，协助你从 300 个 MOT 中找到"重中之重"。

我们先要注意的原则一，就是**不同的消费者讲的 MOT 重要性不同**。为了帮助大家理解这个原则，我暂且用台湾中华航空（以下简称华航）当模拟练习的对象。

现在假设华航有 3 群消费者，第一群人每周搭乘华航航班从台北飞东京，第二群人每周搭乘华航航班从台北飞香港，第三群人每周搭乘华航航班从台北飞纽约，同样是搭乘华航航班的乘客，请问哪群人讲的 MOT 最重要？是的，就是第三群飞纽约的人。这群人就是所谓的高净值人群，同样的搭乘频率，但花的钱更多，因此他们所说的 MOT 我们必须加权计算。这在《峰值体验》里就有论述。

但接下来又有另外 3 群飞行常客，都是高净值人群，都是每周搭飞机从台北飞往纽约。第一群人只搭乘华航航班，第二群人各搭乘华航和华航竞争对手的航班一半，第三群人只搭乘华航竞争对手的航班，再请问哪群人讲的 MOT 最重要？

每次我在课堂上问这个问题，学员都会回答第三群人讲的 MOT 最重要，竞争对手的消费者是增量啊，要增量就要做小黑，把他们挖过来。你看，这就是关键时刻放弃老客户。

这一点在选择 MOT 时要格外注意。因为第一群只搭乘华航航班的人是其高净值人群，他们已经持续贡献了很高的营业额,华航如果做了他们不爱的事,他们立刻就不搭乘了,失去这群老客户损失太大了。所以第一群人讲的MOT最重要。这就是要让存量觉得更值,才会一买再买。

第二群人就是相对没有品牌忠诚度的乘客,他们华航的搭乘,竞争对手的也搭乘。这时如果第一群人和第二群人讲的MOT出现相同点,你只要把这些MOT做好,这些人就会被转过来,他们搭乘华航的频次就会增多。

我们反而需要留意第三群人:竞争对手的消费者。我并不是要你们完全不理会小黑所讲的MOT,而是不能照单全收。如果小黑讲的所有MOT都照做,华航就会变得跟竞争对手毫无差异。我一直提醒大家要"放大你的美",小心不要踏入MOT复制粘贴的陷阱。

存量市场要先顾好,老客户重视的MOT继续精进,守住这群"金母鸡"。在面对增量市场的MOT时要慎选,针对那些红转黑、黑转红、转来转去的客户,找出和存量市场共有的MOT去提高其满意度。至于第三种小黑(竞争对手的消费者)所讲的MOT,因为是增量来源,还是要加以考虑。这时必须合并思考其他9个原则,同时考虑BTA的破圈与裂变,更重要的是,这个MOT是不是目前可以做到的?最糟的情况是,存量没顾好,增量又没连续做对,人财两失。

选择 MOT 的第二个原则：**企业目前侧重于哪个象限**。这没有标准答案，如果企业需要的是做增量，那就是图 6-5 中右边的第一和第二象限，选择的 MOT 就应该重点放在进店和转化上。如果企业要做存量市场，重点就要摆在第三和第四象限的复购与推荐 MOT 上。

挑选 MOT 并不需要 4 个象限均等，而是要根据企业战略目标去决定。举例来说，如果你的企业流量很低（微流），最好是把 MOT 集中在进店和推荐上，要想尽办法让客户上门。反过来说，如果你是大平台、大卖场、大 V 之类，本身就自带巨大流量（顶流），聚客力强，客户会自动上门，选择 MOT 时可将策略重点放在转化、复购这两个象限上。请根据企业的策略重点去做 MOT 选择。

选择 MOT 的第三个原则：**这个 MOT 是不是在 3 个黄金时刻**。第一印象（**最初**）、高峰时刻（**最高**）与结束时（**最终**），这 3 个时间点被我称为体验设计不容错过的黄金时刻（见图 6-6）。MOT 如果刚好落在这 3 个黄金时刻中，就是非常好的选择。

图 6-5　MOT 选择

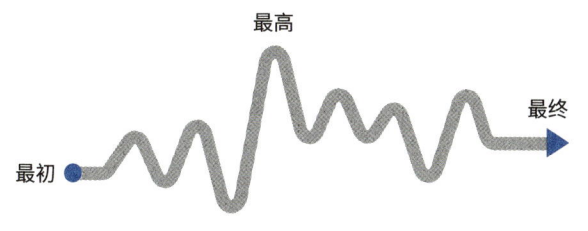

图6-6 3个黄金时刻

第四个原则:"低谷"与"障碍"有没有被消除。做洞察时通过访谈4种人可以挖出非常多的信息。如何得知低谷在哪里?要问红转黑,这些爱过你的消费者为什么现在不再爱了呢?这就是低谷。问小白和小黑,可以得到障碍在哪里,为什么他们就是不进店?是不知道还是没看到?进店后为什么不买?请参考前面讲过的转化十大障碍。

低谷和障碍被消除,增量、存量就可以做起来。

第五个原则:这个MOT能不能放大你的美。美要怎么找?可以问小红和大红,这些爱你或超爱你的人,用真金白银买你的产品、支持你,是因为你的哪个MOT打动了他们?小红和大红为什么一买再买?觉得值在哪里?那个值了的MOT非常重要,建议必选。

第六个原则:这个MOT能不能落地企业选出来的3个重要信息。MOT的目的和任务,就是要植入心智、产生行为。现在企业常常出现一个很大的问题,就是有300个MOT,也有 300 个不同的信息，每个信息各讲各的，到头来消费者什么都记不住。

举例来说，一家店卖吃的，想让消费者感觉"新鲜"该怎么做？那就是在店门口现切、现炸、现煮，这是非常直观地用五感去启动消费者的系统 1，让他们接收到新鲜这个信息，这是 MOT 落地信息的一个好例子。

糟糕的 MOT 选择就是，MOT 讲一套，信息又是另一套。这样一来，品牌信息就不会植入消费者心智，就不会产生行为。例如，我们常常看到这样的促销广告文案：

"小资消费，顶级享受"

"五星快餐，平价消费"

又或者，主打天然有机的化妆品却用了一大堆不环保的包装，这些信息和 MOT 一旦产生矛盾，消费者就很难产生认知。

MOT 如果能同时支持一个以上的信息，那就是非常好的选择。例如，一家店的设计让人感觉既时髦又专业，或者商品让人感觉便宜又新鲜，这就是一个 MOT 同时支持两个信息的范例。反之，如果 MOT 和你选择的信息无关，再重要的 MOT 都不建议选。

接下来，原则七、原则八、原则九我们一起讲。原则七是消费者最重视哪个 MOT，原则八是我可以做得最好的 MOT，原则九是竞争对手做得不好的 MOT。这 3 个逻辑要优先考虑哪个？其实《峰值体验》一书已讲过，我们应该优先盯着原则八：

哪个 MOT 是我做得最好的？

这就是峰值体验系统的核心精神——放大你的美。为什么原则八这么重要？因为很多小白和小黑觉得重要的 MOT 企业根本做不到。所以企业选择 MOT，还是应该诚实面对现有实力。

所以，要怎么选 MOT？我们要紧盯着原则八，先找到你的美，再去和原则七进行对比，一定要有交集，确定企业的美也是消费者重视的 MOT。若此 MOT 和原则九有关就更好了，这就是答案，就是你要选的 MOT。

关键时刻 关键思维

要怎么选 MOT？

1. 紧盯着原则八，先找到你的美。
2. 再去和原则七进行对比，一定要有交集，确定企业的美也是消费者重视的 MOT。
3. 若此 MOT 和原则九有关就更好了，这就是答案。

最后一个选择 MOT 的原则,就是商业模式是否适配,能否被复制。我最怕遇到那种到处照抄 MOT 的老板,不考虑与其原本的商业模式搭不搭,也不考虑与其公司的人搭不搭。内部人员认知不齐,不可能连续做对;企业内部根本没有破局,却想做破局的生意,想想就知道,这种事情是不会成的。选 MOT 就是选商业模式,这是全局性的商业战略思维。

选择 MOT 的 10 个原则我总结为图 6-7。

1. 不同的消费者讲的MOT重要性不同。
   - 高净值人群讲的MOT要加权计算。
   - 关键时刻不要放弃老客户。
   - 小黑讲的MOT不能照单全收。
2. 企业目前侧重于哪个象限。
3. 这个MOT是不是在3个黄金时刻。
4. "低谷"与"障碍"有没有被消除。
5. 这个MOT能不能放大你的美。
6. 这个MOT能不能落地企业选出来的3个重要信息。
7. 消费者最重视哪个MOT。
8. 我可以做得最好的MOT。
9. 竞争对手做得不好的MOT。
10. 商业模式是否适配,能否被复制。

图 6-7 选择 MOT 的 10 个原则

确保最重要的事,是最重要的事

趋势思想家凯文·凯利是科技界推崇的数字教父,也是《连线》杂志创始主编,他在文章中引用管理学大师柯维的一段话,对我很有启发:"最重要的事,就是确保最重要的事,是最重要的事。"

这不是废话吗?真一点儿都不是。因为最重要的事,不见得是最紧急的事。一个老板日理万机,急事很多,他很难一直保持着把最重要的事放在最前面。即使认同"300-10=290",我看到的老板们的 10 件事情清单,也是每天一直被改写。

洞察找出对的事,落地时把事情都做对。字面上看起来简单,要做到却需要高度的战略思维与决断力。选择 MOT 的 10 个原则,希望能让你对自己的选择更有信心。

《峰值体验》一书开篇就提到"品牌轮"(见图 6-8),包含四组件:让 TA(目标客户)在关键时刻,体验到我们想要传递的品牌信息,并做出我们所期待的事。我们期待客户做的事,就是一见就进,一进就买,一买再买,一传千里。

用 MOT 打造峰值体验的方法学

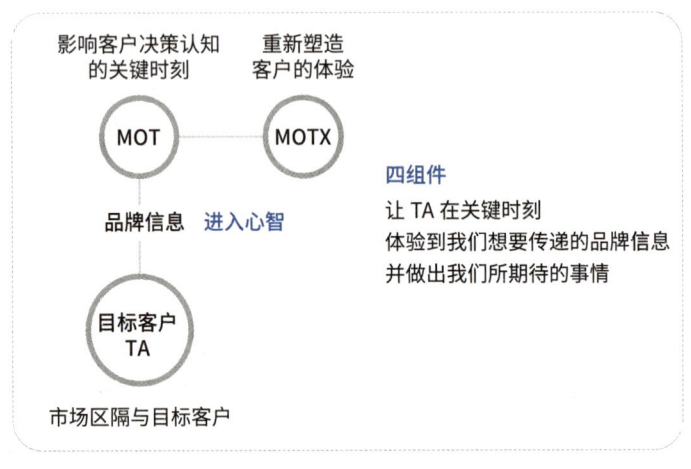

图 6-8　MOT 品牌轮

品牌轮蓝图：金榜与黑榜

具体怎么操作"品牌轮"呢？

第一步，将 300 个 MOT 写成便利贴，贴到品牌轮蓝图上（见图 6-9）。

（1）以假设的 TA 去思考，在进店、转化、复购、推荐 4 个维度中，MOT 有哪些？

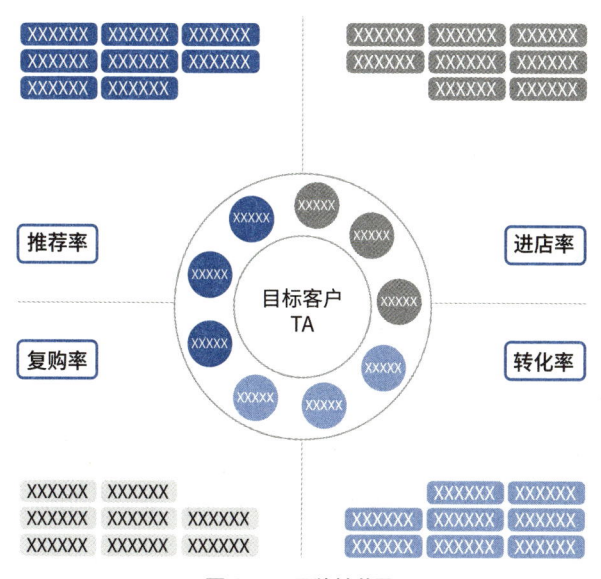

图 6-9 品牌轮蓝图

（2）访谈 4 种人（小红、小黑、红转黑、小白），写出 MOT。

（3）一个 MOT 写一张便利贴。

（4）MOT 写得越多越好。

第二步，在撰写 MOT 时要具体精确，MOT 一定要细化才能落地，要符合 MOT 的定义：

是谁，在什么情况下，感受到什么？

一个 MOT 的时间不会很长，通常在 5 分钟内，20 秒更好。我有一个很好的形容，"MOT 就是一张手机截图"，我们要截取那一瞬间的画面和行为，写成 MOT。

写 MOT 一定要越多越好，并不是一定要 300 个，但别忘了：没有选项，你就没有选择。按照前面洞察章节所教的步骤去访谈 4 种人，你绝对能获得一卡车的心得与 MOT。总之，MOT 要尽量多写，之后你才有选项。

如果是团队一起头脑风暴，以工作坊的方式撰写 MOT，我建议这个阶段大家可以各写各的，先不讨论，免得互相影响。等大家都写好 MOT 之后，再把所有写了 MOT 的便利贴放在品牌轮蓝图上，对应进店、转化、复购、推荐 4 个维度。

第三步，贴好 MOT 便利贴之后，写出合适的品牌信息。在品牌轮蓝图上面，我们用方形便利贴代表 MOT，用圆形便利贴代表信息，各自贴在你认为对的地方。

怎么写信息？怎么选出好信息？后面"说对话"的章节会展开细说，这里我们先学习这张品牌轮蓝图的操作步骤。

第四步，MOT 和信息全部贴好之后，开始做选择。我们要从这 300 个 MOT 里挑出最重要的 8 个。**可以参考选择 MOT 的 10 个原则**，和团队一起思考，至少选出 8 个 MOT。然后至多选出 3 个品牌信息。至于品牌信息要怎么选，可以参考后面

"说对话"章节。

第五步,金榜与黑榜。我们还需要根据四大维度,找出这8个MOT中排名第一的MOT。第一名的意思就是这个MOT最具影响力,然后把这个第一名放到金榜上。

如图6-10,我们在"进店率"维度摆了3个MOT,假设这3个MOT是"打电话揽客""做广告""发业务传单",那么对提升进店率来说,哪个MOT最高效呢?如果判断是"做广告",那就把这个MOT当第一名放在金榜上。

如何挑选出排名第一的MOT?哪个MOT对该维度的增长影响最大,哪个就是第一名,这里依照商业知识判断即可。四大维度都依照这种方式挑出第一名,然后我们把四大维度的第一名MOT放进"品牌轮落地战略表",我叫它"金榜",放的时候要区分"增量"和"存量"(见图6-11)。

金榜上这4个MOT,是从300个里面选出来的8个经过增长率的排序才放到排行榜第一位的,这就是我们选MOT的重中之重。金榜的战略意义就是在四大维度里"连续做对",这几个MOT对该维度的增长最高效,有更高的机会出现非线性增长。一直要做到出现金榜,企业才能把这几个MOT做成峰值体验。

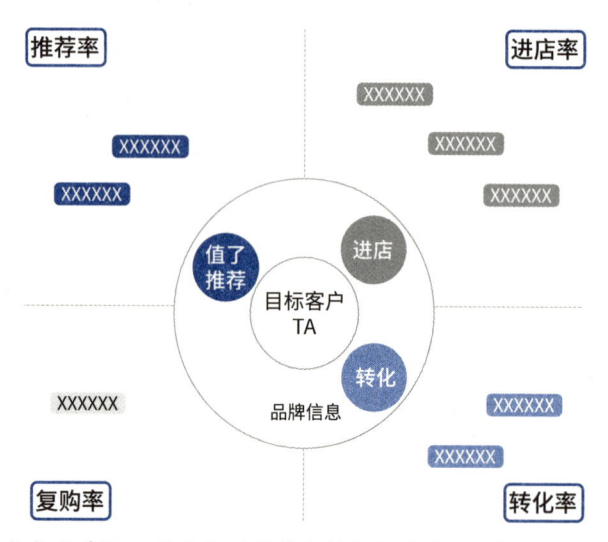

```
                推荐率                              进店率
                                    XXXXXX
                       XXXXXX
                                           XXXXXX
             XXXXXX
                              值了   进店
                              推荐
                                   目标客户
                                     TA
                                         转化
              XXXXXX                              XXXXXX
                              品牌信息
                                                  XXXXXX
                复购率                              转化率
```

1. 完成品牌轮：利用上课所学去检视信息与 TA 和 MOT 彼此的适配性。
2. 至少选出 8 个 MOT。
3. 至多 3 个品牌信息。
4. 完成排行榜：依据你对项目的判断，挑出的最重要的 8 个 MOT 配到 4 个不同的象限（进店率、转化率、复购率、推荐率）。

图 6-10　完成品牌轮与排行榜

和金榜相对的就是黑榜。黑榜重不重要？很重要，因为找到黑榜就能立刻帮企业省钱。

还记得前面所说的选 MOT 的思维吗？那些消费者觉得不重要你却花了很多钱的 MOT，就是 290。黑榜上面的 MOT 就是那些 290，这些 MOT 对消费者的决策或行为影响不大，也不容易落地与复制，企业花了很多钱却没有获得商业价值。所以对黑榜上的 MOT，企业不应该再花大钱了，维持一般水平就好。

图 6-11 MOT 金榜

lollapalooza 效应

查理·芒格在他的公开演讲中提出 lollapalooza 效应，他观察到两三种或更多种力量往同一个方向共同作用时，产生的不仅仅是这几种力量的和，而是各种力量互相叠加强化之后极强的放大力量。

lollapalooza效应是芒格的独创,主要用来形容他自己:通过掌握多元思维模型,将这个复杂多变的世界看得更明白,进而拥有强大的决策能力。那么,芒格用了多少种思维模型呢?据说他的知识储备从心理学、数学、物理、经济学到管理学等,跨越100个领域,有100个思维模型。

lollapalooza效应的一个例子就是人脑的开窍。一个人每天用功读书,大脑种下各式各样的节点,这些节点在没有连起来之前就是一个又一个知识点,但是当阅读量与知识量到达某一程度后,这个人会突然"变聪明"。

芒格曾引用"马斯洛之锤"来提醒过度依赖一个熟悉工具的风险。

马斯洛说:"如果你拥有的唯一工具是一把铁锤,你就会看什么都像钉子。"

芒格认为,只用孤立的事实你无法理解任何东西,你必须用理论框架将事实互相连接起来,这样它们才能真的派上用场。

芒格这个看世界的多元思维模型给了我很重要的启发。合力效应描述的是,多种认知偏误、趋势或力量结合在一起,会产生一个非常强大且不可预测的结果。换句话说,当多种因素同时起作用时,它们的综合效果远大于各自的作用效果之和。

这就是为什么本书会有一卡车的底层逻辑与商业思维。

另外，我再次认识到这个世界的本质就是非线性的。

260万年前，人类开始使用石器；

100万年前，人类已经知道使用火；

19世纪初，人类开始用电；

20世纪40年代，人类开始利用核能；

20世纪50年代，人类开始使用计算机；

20世纪60年代，人类开始使用互联网；

21世纪初，人类进入AI时代。

宇宙诞生和生物进化以来的变化，从来都是以非线性形式前进的，这种非线性变化让我感受到很大的力量。

在过去，力量确实和规模成正比，大公司碾压小公司，强国战胜弱国。但进入数字时代，新技术与新模式不断出现，我们几乎不再把规模当成获胜的前提。而AI的出现，让创新、实验性、富有弹性且快速迭代的小企业拥有了更好的成长条件。

芒格具备100种思维模型去做决策，他的成就不用我多说。我非常喜爱芒格，看了很多他推荐的书，受他的启发非常多。这也是为什么本书的主要交付就是这些思维模型：16个底层逻辑，4张画布（i画布、X画布、品牌轮、产品画布），还有品牌三大变量（选对人、做对事、说对话）。这些战略与商业底层的思维可以帮助你选出最重要的MOT,如果能连续做对,企业的非线性增长就是可预期的。

我们只要确保品牌轮里的四组件"TA、品牌信息、MOT、MOTX"彼此相连、一致,往相同的方向叠加作用,连续做对这4件事情,我们就可以证明,合力效应带来的质变一定会为我们带来巨大的利益。

第 7 章

品牌战略三大变量之三：说对话

接下来我们进入峰值体验"增量/存量双增长"模型的第三个变量，说对话。也就是品牌要把什么信息植入消费者的心智。

那么如何选择品牌信息？有 5 个重要思维。这部分内容与《峰值体验》讲的很不一样，所以请认真阅读。

第一个重要思维：**我们要确保所有的信息跟 TA 以及 MOT 都是联结的。**MOT 就是要植入心智，产生行为，如果这个信息和 MOT 无关，没有办法支持 MOT，那就是没用的信息。

选择品牌信息的 5 个思维

选择品牌信息的关键，就是印记要叠加（见图 7-1）。信息作为品牌的印记，每经过一个 MOT 就叠加一次，好像盖印章一样一直盖，盖到最后痕迹就去不掉了，信息就会被刻进消费者的脑海中。举个例子，有学员问我，汪老师为什么上课总是戴一条围巾？因为从授课以来我都戴围巾，到后来变成私下聚餐也有人问我："你的围巾呢？"围巾变成了我的印记。企业要记得，每个 MOT 都要有印记，印记叠加得足够多、足够久，就会变成品牌的心智资产。

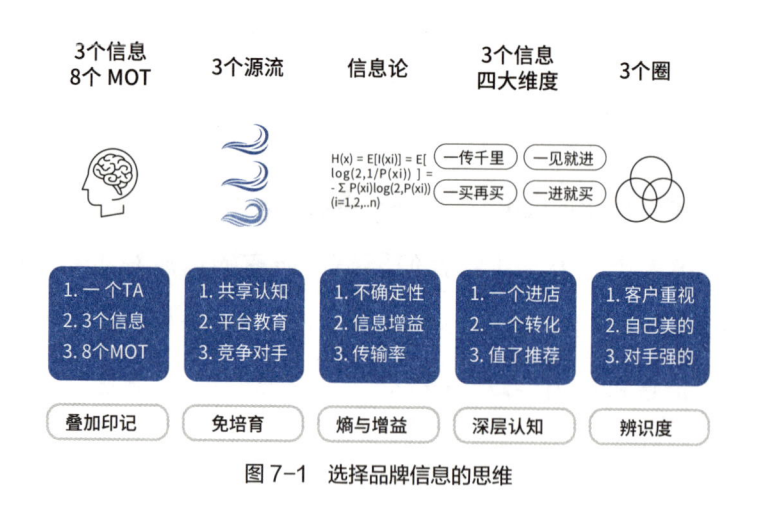

3个信息 8个MOT	3个源流	信息论	3个信息 四大维度	3个圈
1. 一个TA 2. 3个信息 3. 8个MOT	1. 共享认知 2. 平台教育 3. 竞争对手	1. 不确定性 2. 信息增益 3. 传输率	1. 一个进店 2. 一个转化 3. 值了推荐	1. 客户重视 2. 自己美的 3. 对手强的
叠加印记	免培育	熵与增益	深层认知	辨识度

图 7-1 选择品牌信息的思维

选择品牌信息，就是要选那些免培育的信息。如果我们研究怎样的途径能让信息更快地进入心智，那就是把消费者脑海里已经有的认知拿出来，再放回去，这条路径是最快的，这就叫共享认知。信息如果是共享认知，你就能免培育，免培育效率才高。

这些共享认知主要来自3个源流。

第一个源流就是这片土地上的自然、文化、世代、流行，它们都属于共享认知。举个例子，想到日本秋叶原，就想到阿宅和动漫；小香风就等于粗针织布、撞色绲边儿、经典黑白色。我们把这些消费者已有的认知拿出来再放回他们的脑海中，这种信息效率很高，要懂得善用。

第二个源流就是大数据、平台以及社交圈层，它们每天都在高强度地帮我们进行培育，必须用起来。消费者每天花那么多时间在脸书、照片墙、抖音、小红书上，我们所使用的沟通语言最好能和这些平台保持一致。以流行女装为例，之前流行马卡龙色系（像法式甜点一样色彩缤纷）、美拉德风格（意指烘焙过的温暖自然色调）、格雷系穿搭风格（以灰色为主色调的服饰搭配），每天各平台都以千万级的流量推送这些词语和标签，消费者早就被洗脑了，这些信息当然要直接拿来用。

第三个源流就是你的竞争对手。我们前面提到过竞争对手吹的妖风。竞争对手花大钱做广告，就是在帮你培育消费者，不要客气，我们可以利用。以上 3 种源流的"免培育"信息，用得越多，省的越多。

资讯理论：高熵信息、高信息增益

选择品牌信息第三个重要思维，是高熵信息、高信息增益。我无法再强调这有多重要了。

高熵信息、高信息增益，这两个观念来自克劳德·香农，他被称为信息论之父，我们现在能享受通信技术与智能生活，都要感谢这位数学和电气工程学天才。他于 1948 年发表《通信的数学理论》，提出了信息熵的概念，这是信息论的基本概念。

编码和译码是信息论的基础研究课题。信息的传输就是 4 件事：压缩、简化、失真、效率。以现在的 4K 电视机为例，超高分辨率的影像数据量是非常庞大的，如果每一帧画面都用全频、全数据去传输，网络带宽再大都不够用，一定会出现卡顿。所以，数据在实际传输时只有第一帧画面是全数据的，第二帧则是计算和第一帧的向量之间的差异，只传输这些就好，这样 4K 画质影片才能被顺利播放。

人脑在处理接收到的信息时其实也是一样的，如果一个信息从头到尾讲得非常完整，"信息量巨大"，就不失真，但人理解这种信息是很吃力的，沟通效率会很低。所以，品牌应该研究的是<u>如何压缩和简化信息</u>，找到虽然会失真但效率将变高的沟通方法。秒懂，才是王道。

要知道，人们用五感去建立认知，但大脑无时无刻不在主动过滤信息。这种大脑对外在世界的主观重建每秒发生几十次，包括视觉、听觉、味觉、嗅觉、体感等，甚至包括情绪感受。"注意力"本来就是一个选择性过滤器，只会传送重要的信息进入人的意识。因此，品牌方要传输信息给消费者，一样要经过以上过程。所以，我们要怎样利用香农的信息传输理论成功地把信息植入消费者的心智呢？这里我们先学习两个知识点：信息熵和信息增益。

信息熵

信息熵又称资讯熵、信源熵，这是信息论的基本概念，是度量信息的不确定性或随机性的方法。一个信息源的熵越高，其信息内容越丰富，不确定性也越高。

举个例子，抛硬币和掷骰子，掷骰子的熵值高，抛硬币的熵值低，因为骰子有6个面，而硬币只有正反两面，掷骰子所提供的信息不确定性比较高。

另外，一个很极端的例子就是"太阳从东方升起"，这种很确定的事，从信息论的角度等于没有任何不确定性，因此完全没有信息熵。

"高熵信息"有吸引注意力的功能，在选择品牌信息时，我们应该挑那些熵值很高的信息，这样才能吸引消费者的注意力。一个具有高熵信息的优秀品牌，会给消费者一种新奇感，既陌生又熟悉，当消费者懂这个高熵信息时会有解读成功的愉悦感。

如果品牌信息过于单一，则可能无法引起消费者的注意。相反，如果品牌信息过于晦涩难懂、生硬怪僻、荒唐古怪，也会阻塞信息通道，因为对于完全陌生的信息形态，人们会自动视为与己无关。品牌信息需要在这中间找到平衡。

信息增益

信息增益讲的是，如果获取一个新的信息后我们对随机变量的不确定性减少了，这个新的信息就带来了信息增益。有效的品牌沟通所传达的信息，应该能最大限度降低消费者对品牌的不确定性。也就是说，我们所选择的品牌信息，要能提供最大的信息增益。

如果应用于进店、转化、复购、推荐四大维度，我们要把高熵信息用于"进店",才能吸引消费者的注意。因为高熵信息充满不确定性,"始于迷惑",他才会走进来。那么"高信息增益"可以用在哪里?这类确定信息可以用于"转化"或者"复购"。

现在很多企业的品牌信息不起作用,常常是因为企业把高熵信息和信息增益用错了地方。

假设你把高信息增益用于进店,一个路过者对一个确定的信息是无感的。例如"好吃"属于高信息增益,消费者一定是因为好吃才会一吃再吃。但如果你在餐厅门口跟客人讲好吃,那就有点儿可笑了,每家餐厅都说自己的饭菜好吃,这个信息放在店门口就引不起注意了。

再说说滑手机时的"猜你喜欢",你上抖音、淘宝、脸书、小红书这类平台时,它们推荐给你看的内容就是高熵信息和高信息增益共同作用的好例子。当你手指不断往上滑时,平台会持续推送各种短视频、直播间或商品给你。你滑的时候知道下一屏会出现什么吗?不知道。这就是高熵信息。但是你滑出来的是不是都是你喜欢的?大部分是。这就是平台厉害的算法给你提供的高信息增益。高熵信息加上高信息增益,就能提升使用黏度,让用户欲罢不能。

深层处理植入心智,浅层处理启动注意力

选择品牌信息第四个重要思维,是要考虑消费者处理信息的深浅层。人们在接收外界信息后是怎样形成认知的?

我参与过一个神经内科医生对痴呆患者的评估,其中有个测试对我很有启发。医生先说 3 样事物,请受试者跟着复述几次,例如医生会说"红色、快乐、脚踏车",然后请受试者在纸上画一个 10∶20 的时钟,中间可能会聊几句,然后医生会请受试者回忆最初提到的那 3 样事物是什么。

这个迷你认知量表类似于对认知功能进行快速筛选,如何确诊痴呆还需要专业医生的判断。但在被用来测试的"红色、快乐、脚踏车"中,"快乐"经常是受试者最不容易记起的项目,因为它是涉及情感的抽象词语。人在认知出现问题时,可能会先失去抽象或者情感这种涉及深层处理信息的能力。

这种对信息深度分析理解的认知能力被称为"深层处理",信息的深层处理需要很高的专注力,并且需要运用思考,在记忆的同时体会其中包含的情感层面,甚至会牵涉对这个信息的推测与创新。如果辅以心理机制的运作,这种经过深层处理的信息就会进入长期记忆。

"浅层处理"就只达到感觉或感知的地步,是对信息最表面

的处理，例如识别文字的形状或者声音的音调。浅层处理可以说是眼、耳、鼻、舌、身五感的感受，或者是对物理特性的感知。浅层处理通常不牵涉是否理解信息。

如果应用于进店、转化、复购、推荐四大维度，消费者在进店时是路过者，对信息的处理就是浅层的。但是到了复购的时候，就是深层处理。我常常开玩笑说"人们都是买了东西以后才清醒的"，就是这个意思。

所以高熵信息要用来进店，高信息增益要用来转化。浅层信息就是印记，深层信息（如品牌个性拟人化就是情绪）才会进入心智。

高熵进店、高信息增益转化；浅层印记、深层情绪。

四大维度的品牌信息，推荐大家可以这样选择。

四大维度挑 3 个信息：品牌词破圈，品类词入行

我们整理一下讲过的内容，四大维度需要用上 3 个信息，就是品牌轮蓝图上请各位挑选的那 3 个信息。

"进店"的信息就是品牌的独特印记，就是品牌的词，让消费者一见就进。"转化"的信息降低了选择障碍，放大你的美，

也是品牌的词。没有品牌词，你破不了圈。"复购"的信息则是品类的信息，也就是消费者觉得值了的词。把这个词讲给朋友听，就成为推荐的词。

以餐厅这个品类来说，好吃重不重要？服务重不重要？当然都很重要，不好吃干脆别做吃的了。"好吃"就是做餐厅的品类词。没有品类词，你入不了行，这是进入这个行业的门槛（见图7-2）。

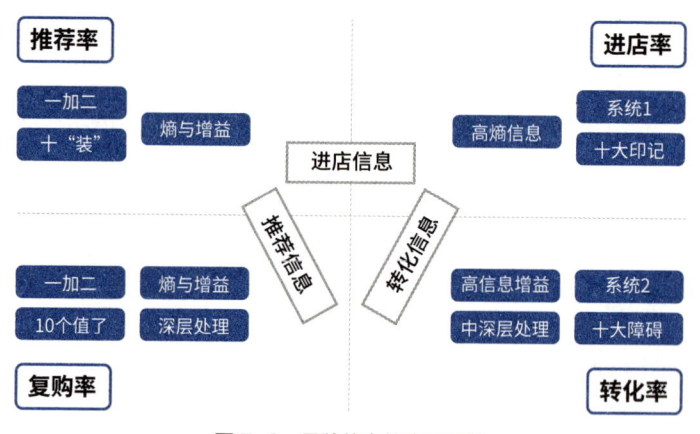

```
推荐率                                          进店率
 一加二                                          系统1
                熵与增益          高熵信息
 十"装"                                         十大印记
                       进店信息
                    推荐          转化
                    信息          信息
 一加二         熵与增益          高信息增益    系统2
 10个值了       深层处理          中深层处理    十大障碍
复购率                                          转化率
```

图7-2　品牌信息的底层逻辑

只是我们需要明白，品类信息是很难有辨识度的，因为所有餐厅都会说自己好吃，除非你有锚。但品类词还是很重要，消费者就是出于这个原因一吃再吃（稳定交付）。如果吃的人是BTA，又觉得你的饭菜好吃（推荐的词），那么你传播的倍增效应就更大。

所以这3个品牌信息，最好按照以下规律来配比：

- 一个进店、一个转化、一个值了（复购变推荐）
- 品牌信息（进店、转化），品类信息（复购变推荐）
- 两个是增量（进店、转化），一个是存量（值了推荐）
- 一小白（高熵），一小黑（高信息增益），一小红（值了）

辨识度

选择品牌信息第五个重要思维是辨识度。我们选择的信息要有足够的辨识度，必须和竞争对手的有差异。

关于什么是辨识度，图 7-3 中的 3 个圈代表 3 种不同的信息：**企业想放大的美、消费者重视的词、竞争对手已经占领心智的词。**

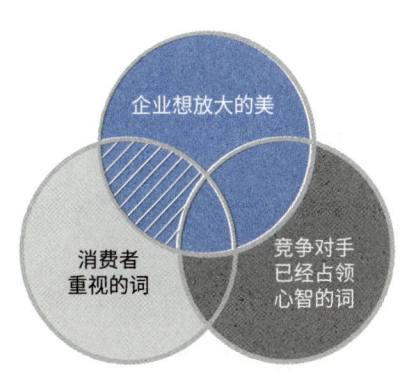

图 7-3 3 个圈：品牌信息的辨识度

图中画斜线的部分呈现的是，企业的美刚好是消费者的最爱，而且竞争对手也没讲过，这就是有辨识度的品牌词。看到这里很多人会说对，这就是企业该选择的信息。真的是这样吗？

看过《峰值体验》的人都知道，想得美。正所谓理想很丰满，现实很骨感。在真实的世界里，常常是你和竞争对手存在大量的重叠，有差异的就是那么一点点。

更糟糕的情况是，竞争对手和消费者重叠的部分比你的多得多。这才是我每天在做企业咨询时看到的状况。怎么办呢？答案很简单，企业可以看看浅灰色的部分。消费者重视的词还有很多没有被占领，前面讲过的"挖出一卡车的词"，就是在教你怎么挖出消费者重视的词（见图7-4）。

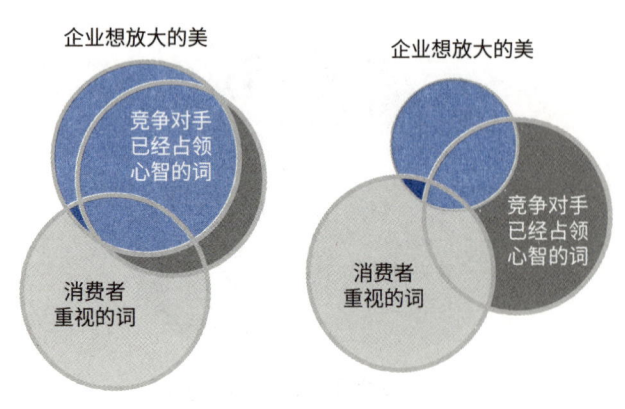

图7-4 挖出消费者重视的词

选择品牌信息的 8 个原则

综合以上所讲,该如何选择 3 个适配的品牌信息?要符合以下 8 个原则。

(1) 四大维度缺哪个维度的词要补,3 个信息,一个进店、一个转化、一个值了。

(2) 四大维度的词要用高熵与高信息增益检验。

(3) 四大维度运用不同的浅层、深层处理信息。

(4) 存量的词,就是已进入高净值人群的词要放大;增量的词,就是要消灭掉对从没爱过和不爱你的人造成障碍的词。

(5) 更多 MOT 体现的词,才能叠加。

(6) 品类词源自第一性与七情。

(7) 品牌词才是放大你的美。

(8) 利用 3 个圈找到你的辨识度。

要把根据这 8 个原则选出来的 3 个信息放回品牌轮蓝图。一个 TA,8 个 MOT,3 个品牌信息,进行到这里,你才算完成了你的品牌轮,你才能够进入最后的落地 MOTX,去创造峰值体验。

让品牌魂体合一

做品牌最大的问题就是人不连，信息不连，关键时刻也不连。TA 和 MOT 不连就会做错事，因为你对消费者不了解，你做的就不会是他想要的。TA 和品牌信息不连就会说错话，你讲的不是他想听的，也很有可能你在错的时间讲了不对的话，例如拿"好吃"这个信息去进店，拿复购的信息去进店。MOT 和信息不连就会表错情，明明想要表示食物很新鲜，却没有在关键时刻去体现，消费者就不会理解你的信息。

- ☒ 做错事｜TA 和 MOT 不连
- ☒ 说错话｜TA 和品牌信息不连
- ☒ 表错情｜MOT 和信息不连

做错事、说错话、表错情，这些都是 290、无用功，会让品牌魂不附体。魂不附体时品牌想表现出来的品牌个性、品牌价值等，全部和消费者实际感受到的是两回事。品牌轮的四组件 TA、品牌信息、MOT、MOTX 都要连在一起，品牌才能魂体合一，TA 才能在关键时刻体验到我们想传递的信息，并做出我们所期待的事。

第 **3** 部分

落地变现

- 找到你的美，放大你的美；植入心智，产生行为
- 产品画布与 12 个 MOTX 落地点
- 落地的战略模型：X3 画布
- 企业实战：洞察 i 画布 + 落地 X3 画布

第 8 章

找到你的美，放大你的美；
植入心智，产生行为

不管是讲课还是进入企业做品牌咨询，我都会不断强调"找到你的美，放大你的美"。企业常常很美，但自己没有看到；或者自以为很美，消费者却没反应。

所以第一个问题是，企业要如何找到自己的美？

第 3 章一直在讲怎么找。这里我帮大家整理一下。

洞察的 3 个主体，第一个是自己，第二个是消费者，第三个是竞争对手。洞察消费者可以访谈 4 种人：小红、小黑、红转黑以及小白。针对四大维度的"4 个没有"：没有印记、没有透传、没有差异、没有故事，有 12 个洞察点。这里不再重复。

洞察就是找到你的美，落地就是放大你的美

企业通过洞察去找自己的美，必须回答以下 8 个问题：

（1）你的美是对增量友好，还是对存量友好？

（2）你的美是你的印记吗？

（3）你的美是高熵，还是高信息增益？

（4）你的美能让客户觉得值了吗？

（5）你的美可以让客户"装"起来吗？

（6）你的美跟第一性有关吗？

（7）你的美满足了七情中的哪一个？

（8）你的美是系统 1，还是系统 2？

企业的美、品牌的美以及产品的美，一定要和底层逻辑有关才具有可复制的商业价值。在洞察的过程中，要用上面 8 个问题反复检验，符合得越多的就是你的美。

做品牌的目的就是要建立品牌辨识度。放大你的美，就是印记不断叠加之后品牌变成心智资产。印记有哪些？可参考前面讲过的"十大印记"，包括颜色、产品外观、Logo、代言人、广告语等等。

美要能够被放大，要不止一个 MOT 能体现同一个信息，

才会被植入心智。例如，餐厅想主打"新鲜"，就在门口放上有氧气泵的鱼缸，活鱼、活虾各种海鲜在里面游来游去，客人点了之后现杀、现做，客人会觉得你的菜很新鲜。美要能够被放大，一定要让多个MOT同时都被感知到。

体验设计两件事：植入心智，产生行为

一个有效的峰值体验，一定能让消费者进入心智，产生行为。那么，植入心智要怎么做？

第一，很好地利用"十大印记"，在MOT中进行叠加，叠加才会进入心智。印记会在MOT中通过体验重复出现，消费者在这里和在那里一直都被印记覆盖，印记一层一层叠加，久了就会在消费者心中形成烙印。

第二，就是免培育的信息，3个源流、免培育、共享认知，消费者本来就觉得是这样，你一讲他马上就懂。从消费者脑海里拿出来再放回去，进入心智的速度最快。

第三，进入消费者心智就要利用深层处理。深层处理一定会牵涉情绪，也就是马斯洛讲的七情。例如品牌拟人化，品牌具有个性之后就会牵动人的情感投射，就更容易进入心智。

第四，要做到高熵信息与高信息增益的平衡，四大维度就

必须用到 3 个信息，一个信息用来"进店"，一个信息用来"转化"，一个信息用来值了变"推荐"，这都说明，信息要用对地方才会进入心智。

最后要记住，靠峰值体验建立认知，让信息进入心智。

体验设计的两件事，植入心智讲完了，我们再来讲"产生行为"。要如何让消费者做出我们期待的事情呢？

我们先来认识有名的"**福格行为模型**"，这是美国斯坦福大学行为设计实验室创办人福格博士提出的。他认为，行为的产生，需要"动机""能力""触发"这 3 个要素同时存在。B（behavior）是行为，M（motivation）是动机，A（ability）是能力，P（prompt）是触发。模型写成：

B = MAP

人之所以会产生行为，一个因素就在于"**动机**"。

让我们回想一下前面提到的马斯洛七情，一个人之所以会去做一件事，肯定是因为他想做，他有做这件事的动机或欲望。例如，一个人去喝现制奶茶，是因为他想对自己好一点儿。情绪是强动机，如果我们想改变一个人，或者驱动一个行为发生，一定要利用好情绪。

讲到"**能力**"，福格总结了组成能力链条的因素：时间、金钱、体力、脑力、社会观感以及日常安排，能不能产生行为，取决于能力链条上最脆弱的那一环。访谈消费者为什么不买？"太复杂，我不想听""好麻烦，我不想弄""我感觉很贵""没时间搞这些"……很多时候消费者不买不是因为东西不好，而是障碍实在太多。所以需要变简单，减少障碍，消费者才有能力跟我们交易。

要怎样"触发"消费者呢？就是要"把风吹起来"，再加上"人、货、场"中的场去对标人群。尤其是高频场景，消费者一下子就被吹动了。

福格行为模型有一个底层逻辑，即"奖励系统"。当人们因做这个行为而获得正面情绪时，他们的大脑就会产生多巴胺，多巴胺会让人产生愉悦感，甚至上瘾。相反，不好的情绪会反向回馈影响行为。在做体验设计时，我们必须将奖励系统放进行为机制中。我常问，人们什么时候最喜欢看手机？有人说无聊的时候。我觉得不是，是你刚发帖子的时候。因为你一定想知道有没有人给你点赞。点赞，就是奖励系统，有人给你的文章点赞、转发、订阅，你的这种行为才能持续下去。"被看见"是重大奖励，这是人性的底层需求，如果要鼓励一种行为，一定要有奖励。

那么，要如何让消费者产生行为呢？简单说，就是把消费者的角色往前推一个维度，到下个角色就对了。在进店这个维度上,他是个"路过者",我们要把他往下一个维度"探询者"推进;接着要把探询者推进成为"使用者",把使用者推进成为"传播者"(见图8-1、图8-2)。

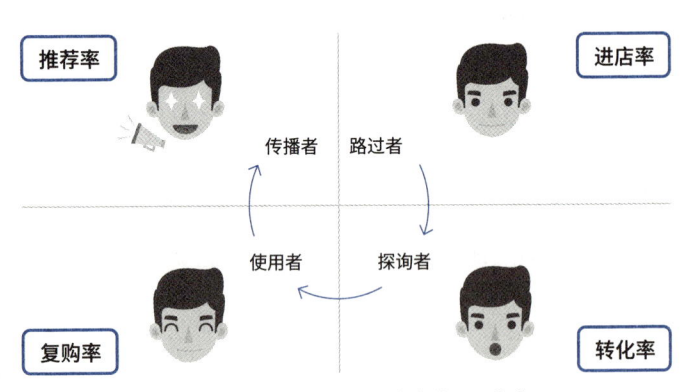

图 8-1 消费者在四大维度中的不同角色

植入心智	产生行为
1. "十大印记"与MOT叠加进入心智	1. "情绪"是强动机
2. "免培育"信息,拿出来放进去更简单	2. "变简单降低障碍"有能力
3. 深层处理才会进入心智,品牌拟人唤起"情绪",情绪是深层处理的一种方式,更容易进入心智	3. "把风吹起来"加上"场景"对标人群,触发消费者
4. 高熵与高信息增益要平衡,四大维度不同的3个讯息	4. "装"起来被看见,大奖励
5. 体验建立认知,峰值体验让信息进入心智	5. 把消费者往前推进一个角色就对了

图 8-2 体验设计两件事

第 9 章

产品画布与 12 个 MOTX 落地点

企业要如何打造出名利双收、人财两得的产品组合呢?就是要同时有吸睛、流量、利润、经典这 4 种产品。

有了"吸睛产品"企业才会被关注,有了"流量产品"企业才会有大增长。但只有流量产品企业不会赚钱,还必须有高频"利润产品",否则只是营业额增加了,企业并没有真正获利。当企业有了经典款,有了叫得出名号的"经典产品"时,企业才有资格叫大品牌。

那要如何做出吸睛、流量、利润、经典这 4 种产品呢?

品牌轮 MOTX 产品画布：吸睛、流量、利润、经典产品

吸睛产品：熵值要高，用来进店的产品要新鲜好玩儿，要漂亮好看，要勾起人们的好奇心；产品本身要高熵，消费者才会始于迷惑。吸睛产品要用上十大印记，吸引 BTA 购买。要做到品类进化，例如鲜萃黑巧就是黑巧克力的进化。

流量产品：想要制造爆款，就要用上大锚，锚就是参照点，属于高信息增益；流量产品必须给出确定性答案，并且要消除所有障碍。流量产品要对小白友好，对小黑也友好，一定要关注首单体验。

针对爆款产品我有两个提醒，第一个提醒是，企业做爆款的目的是卖给消费者下一个利润产品。爆款这种引流产品常常是不赚钱的，一定要把消费者往复购推进，千万不要让消费者买这一单就完了，这样企业牺牲利润获得的流量都浪费了。简单讲，爆品是爆了，但是首单即终单。

第二个提醒就是，企业如果真的做出一款爆品，就要立刻有其他东西让消费者一买再买，这就是"再买 2、3、4"。鲜萃黑巧好吃，卖爆了，一开始就想好了下个月立刻推出蓝莓、草莓、抹茶等 8 种口味。企业要有办法做到这样快速供给，才能

收获爆品引进来的巨大流量。

所以说，爆款不是随便做的，"再买2、3、4"才是关键。企业要把供应链提早准备好，否则熵值周期越来越短，等做起来再说，风早就吹过去了。

复购讲的是高频场景，如果企业能找到高频场景，而这个产品又有利润，那么企业的前景肯定光明灿烂。举个例子，服饰最重视的就是百搭，其实就是两搭，上班和下班，一件衣服如果上班可以穿下班也可以穿就是跨场景，消费者就会觉得值，这就是"十值"里说的"变频"。

如果一件衣服只在单一场景可以用，那个场景就得非常重要，因为场景就等于人的可支配时间。比如，要去拜访大客户穿的衣服，或者参加婚礼的华丽小礼服，你会有很长时间坐在那里，你希望被看见、被看重。所以场景是关键，这才是"人、货、场"的思维。

> **关键时刻　关键思维**
>
> 做爆款的两个提醒：
> 1. 要把消费者往复购推进。
> 2. 爆款后乘胜追击，有东西让消费者一买再买（"再买2、3、4"）。

利润产品：一定要让消费者觉得值了，然后不断复购。消费者 10 个觉得"值了"的时刻见前面章节。复购的产品要对高净值人群友好，让他们觉得你很懂他们。这时候产品或品牌需要拟人化，与消费者在情感层面上互动，深层处理才容易进入心智。

经典产品：就是大 V 要有故事可以讲，毕竟他讲一句抵一万句。经典款就是要让消费者"装"起来、被看见。以珠宝设计为例，梵克雅宝的幸运四叶草，蒂芙尼的微笑项链，宝格丽的灵蛇等设计，这些经典款的标志都非常突出，让人一眼即知，"懂的都懂"，就可以"装"起来。明星经典款可以迭代，继续经典款的生命力，例如第七代小棕瓶、iPhone15（苹果手机）等。

品牌轮的产品画布，一定要同时操作吸睛、流量、利润、经典 4 种产品，才能有效进店、转化、复购和推荐，也才有机会获得非线性增长（见图 9-1）。如果再简化这个产品画布，可以浓缩为两句话：

存量就该问你拿什么产品一买再买；
增量就该问你拿什么产品吸引进店。

这就是"**存量更值、增量破圈**"的双增长模型。

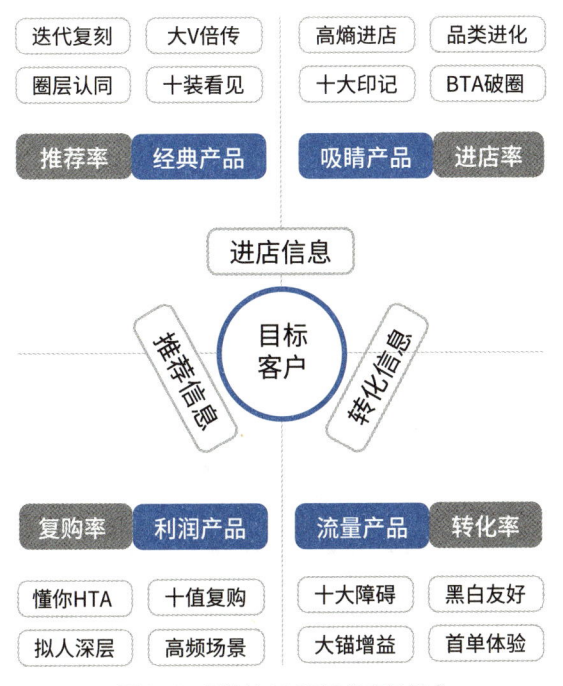

```
┌──────────┬──────────┐    ┌──────────┬──────────┐
│ 迭代复刻 │ 大V倍传 │    │ 高熵进店 │ 品类进化 │
├──────────┼──────────┤    ├──────────┼──────────┤
│ 圈层认同 │ 十装看见 │    │ 十大印记 │ BTA破圈  │
└──────────┴──────────┘    └──────────┴──────────┘
```

推荐率 **经典产品**　　**吸睛产品** **进店率**

进店信息

推荐信息　目标客户　转化信息

复购率 **利润产品**　　**流量产品** **转化率**

```
┌──────────┬──────────┐    ┌──────────┬──────────┐
│ 懂你HTA  │ 十值复购 │    │ 十大障碍 │ 黑白友好 │
├──────────┼──────────┤    ├──────────┼──────────┤
│ 拟人深层 │ 高频场景 │    │ 大锚增益 │ 首单体验 │
└──────────┴──────────┘    └──────────┴──────────┘
```

图 9-1　品牌轮 MOTX 的产品组成

如何做出峰值体验的 12 个落地点？

如果说洞察就是破译人心，那么落地就是编码植入。我们在前面已经学习了怎样通过洞察逐一破译人性底层需求的驱动力，现在要进入打造峰值体验、落地的环节，学习把印记有效地放回心智，并产生行为。

《峰值体验》也讲过四大维度的 12 个落地点，经过这段时

MOTX 在四大维度的落地点

传于印记

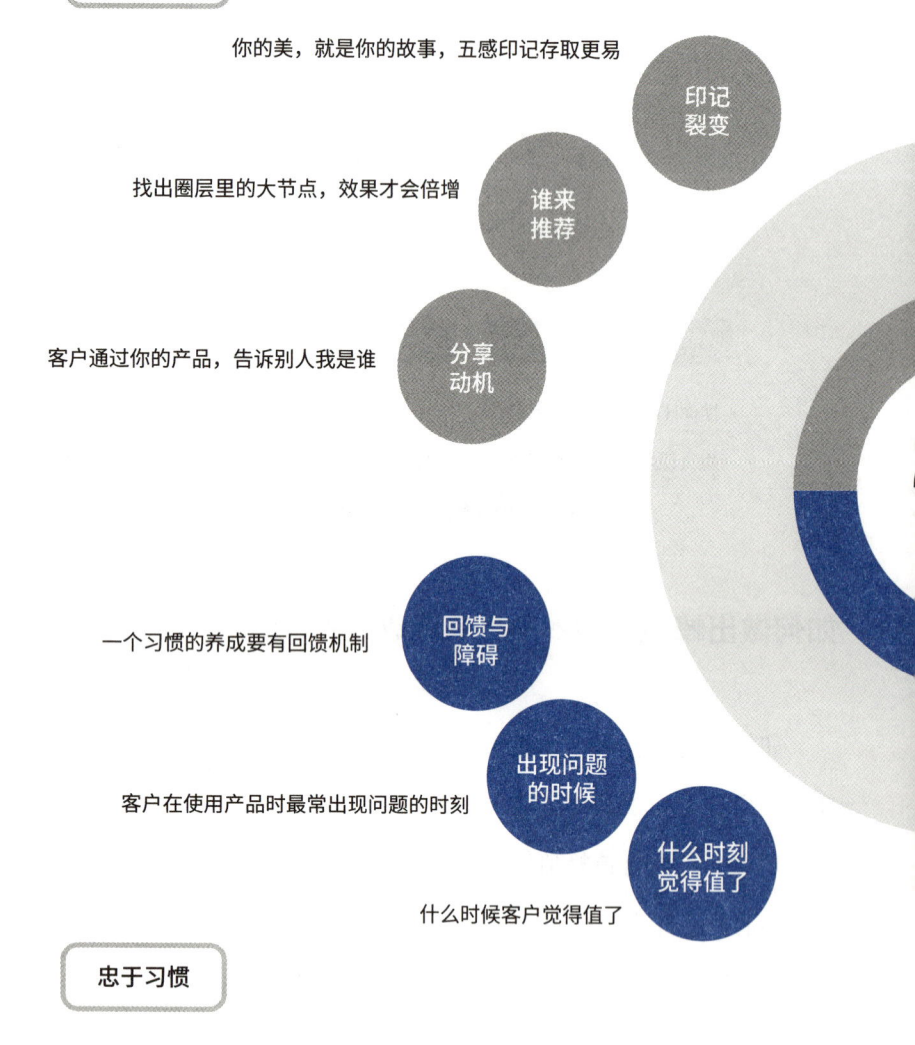

你的美,就是你的故事,五感印记存取更易 —— 印记裂变

找出圈层里的大节点,效果才会倍增 —— 谁来推荐

客户通过你的产品,告诉别人我是谁 —— 分享动机

一个习惯的养成要有回馈机制 —— 回馈与障碍

客户在使用产品时最常出现问题的时刻 —— 出现问题的时候

什么时候客户觉得值了 —— 什么时刻觉得值了

忠于习惯

始于迷惑

- **编码冲撞**：打破剧本，才能打破习惯
- **最初 系统1+系统2**：运用系统1，进入客户最初的黄金时刻
- **秒抓心理**：越是新的、火的、没见过的，越想去看看、长见识
- **试吃试穿试用试课**：试用的场景是关键时刻，最后怎么转下一单
- **可视化你的美**：客户进行决策时，你的美有哪些可视化的信息，有没有被放大
- **指向性信任状**：降低选择障碍，大数据刺激转化

陷于套路

间企业案例的落地实操，这 12 个落地点融入新的底层逻辑，有了很大的升级，接下来我们按照维度展开来讲。

进店维度的 MOTX

进店有 3 个落地点：

"就是这样，那是怎样？怎会这样？"（见表 9-1）

表 9-1　进店维度的 3 个落地点

进店率			消费者角色：路过者
始于迷惑	就是这样	1+2 印记	·这里有"我要的"，我在乎的 ·3 个黄金时刻：最初建立你的印记，你的辨识度 ·利用"参照点"去锚定
	那是怎样	风吹起来	·风要吹起来！ ·"现在流行什么？我有没有跟上？"利用好奇心、凑热闹、长见识，越是新的、火的、没见过的，越想去看看 ·四大平台"触达"消费者，"激发"进店、点击
	怎会这样	打破剧本	·打破剧本，是体验设计的关键，打破习惯才能获取新客，破圈增量 ·利用新旧、古今、跨界、中西、跨世代，反差交错融合，产生惊喜 ·你以为是这样，结果不是！"冲撞"是关键词

大家看到这里，不妨把眼睛闭起来跟着读 3 遍。这样同时动用了视觉和听觉，你会更容易记住。

在进店这个阶段，消费者的角色是"路过者"，比如跟消费者讲"新鲜"，就需要在店门口现切牛肉、现榨橙汁、现蒸小笼包，需要"就是这样"的直观表达。

名人"带货"就是标准的进店维度的落地。例如，韩国女子唱跳组合 BLACKPINK 里的朴彩英为圣罗兰（Saint Laurent）带来的曝光和经济效益，让这个品牌的营收在 5 年内涨了一倍以上，一个人成就一个品牌差不多就是这个意思。这些超级明星就是绝对的大锚，"安妮·海瑟薇的宝格丽珠宝""大谷翔平代言的无糖绿茶"，顶流代言之所以收取天价，是因为只要他们穿戴的东西就没有不爆的。流量明星和网红在社交媒体上的传播价值甚至高过品牌本身，他们可以帮助品牌接触到很多以前并不关心该产品的路人。现在做品牌要引流进店，已经没有办法不靠网红帮忙吹风了。

这些网红全平台、全方位每天不停地鼓吹，持续输出"现在流行什么，你有没有跟上"，非常能驱动跟风者的好奇心，想知道"那是怎样"的人想要开眼界、赶时髦、凑热闹的特质被锚勾起来，就会触发进店。

第三种"怎会这样"，就是要打破剧本。要利用中西、新旧、古今、跨界、跨世代的"反差",这里以童涵春堂为例。童涵春堂是中国一家有240多年历史的知名国药老字号,位于上海豫园,和老庙黄金遇到的问题类似,豫园一年4 500万人次到访的流量红利无法变现,豫园人均消费低于20元,即使人们进了童涵春堂也不会买东西。

这也不难理解,大家都是去豫园观光旅游的,谁出去玩儿会去中药铺买一根野山参王?

为了最大限度接触豫园的年轻群体,童涵春堂以中药底蕴推出的现制茶饮,以"二十四节气"为主题,一推出就成为爆品。童涵春堂用自己的百年老字号古方作为锚,实现了一次非常吸睛的"食补茶饮"的文化反转。

"咦,没喝过,好新奇,来尝试一下","好多人排队,我也要跟",马上就形成了一股风潮。目前,"二十四节气茶"已经成为童涵春堂一个独立的子品牌。

转化维度的 MOTX

提升转化率对企业而言是效率最高的投资。流量来了之后怎么变现,讲的就是转化率。

转化也有3个落地点:

"试这个,看这个,买这个"(见表 9-2)。

表 9-2 转化的 3 个落地点

转化率			消费者角色:探询者
陷于套路	试这个	试吃试穿试用试课	·试用,改变消费者角色,改变消费者视角 ·降低消费者的选择障碍 ·试用必须有峰值,体现"信息",必须有五感记忆点
	看这个	可视化你的美	·放大你的美,让你的美被看见,要透传你的美 ·对比和反差更加放大你的美,前后对比、你与竞品的对比 ·核心信息必须五感化
	买这个	指向性信任状	·降低"选择障碍","先避损后趋利","变短与稀缺"降低首单的门槛,建立首单体验 ·运用大数据排行榜,清楚地告诉客户买哪一样 ·猜你喜欢很重要,算法是终极答案

"试用"这个场景是绝对的关键时刻,我无法强调这有多重要。体验新车要试驾、试乘,餐饮业要试吃、试喝,还有试穿、试课、试玩,所有的试试看都算。

"试用"才是真正的首单体验。大家都以为首单体验是在东西买回去之后才发生的,但其实在没买之前体验就已然展开了。

以买衣服为例,顾客在试衣间衣服上身的那一秒就已经做决定了。所以,衣服的材质摸起来怎么样?顾客从试衣间出来以后店员怎么说?如果店员只会说"真好看""这件我自己也买",这就叫"词穷"。"试用"这个阶段做不好,也不做员工培训,比赛到这里就结束了。

转化率重要的是落地,就是你的美要"可视化"。研究显示,人的大脑对视觉输入的信息吸收率最高,达到83%,对听觉输入的信息吸收率则为11%,如果视觉加听觉,则信息吸收率能达到94%。不过,听觉是可以被主动屏蔽的五感,有小朋友看动画片时看得出神,你叫他他理你才怪,他根本听不到。这就跟一位店员在你旁边一直讲话,其实你根本没有听一样。

所以,我们应该利用"视觉"这个人类优势信息接收器,放大自己的美。只是企业常常喜欢用说的、写的,美没有被可视化。新鲜怎么可视化表达?在餐厅门口写一个大字报说自己的产品很新鲜,那是没用的。还不如在门口现切牛肉,人们立刻觉得很新鲜。

再看"买这个"。面对消费者的选择障碍,我们一开始就要设计好,这个是新手专用,老手请看这边,直接指路,帮消费者对好标。现在很多企业很心急,一上来就把所有好东西都推上来,"我让你好好选择",选个够,但消费者看不懂,不知道怎么选。我们所做的一切,都要能让消费者快速做出选择。

案例研究
定制家具索菲亚将销售可视化

我们在辅导索菲亚这个定制化家具品牌时,做了消费者洞察研究,有一个消费者痛点,我们称为"装潢十大后悔之首",那就是"所见非所得"。

简单讲,就是看设计师出图时觉得很美,真正施工完一塌糊涂。这是消费者觉得存在高风险的坑,也是最不想遇见的事。

"装潢水太深了"是消费者的隐含假设,我们就针对这个最大的避损需求进行了 MOT 真实体验设计。

索菲亚将过去完成的真实案例,前后的对比图制作成册,在门店里供消费者翻阅。效果图及完工实景图,消费者一看便知。

门店里 1∶1 还原多个不同装潢风格的家居体验场景,让消费者进店后现场感受,这种用装潢风格沟通而非单品销售的思维,能够在销售最前期与消费者对焦。"效果图交付 = 效果图验收"，索菲亚承诺99%以上的还原度，消费者只需要按图对比即可。

索菲亚在销售工具上的可视化，还包括空间、材料构成的列表化，加上报价透明。这些销售可视化的努力，能大幅降低消费者的选择障碍，同时降低了销售人员的沟通障碍。

跟索菲亚的一线业务人员落地这套方法时，我也从他们身上学到很多。关键节点如果够简单，直击核心，节点就会迅速植入大脑。这些销售人员绝对以业绩为导向，当方法有用、能有效促进销售时，他们还会自行升级，互相较劲谁用的锚最有效，谁的词库更高级。

看到这些业务同人热切地跟我炫耀他们的优秀战绩，我觉得很兴奋。我看到节点串联起来后企业内部形成一个生态体系，这个体系会自然进化、迭代成长，希望这个案例能给大家带来一些启发。

复购维度的 MOTX

复购维度一样有3句话：

"值了你，你懂我，真有你"（见表9-3）。

表 9-3 复购维度的 3 句话

复购率			消费者角色：使用者
忠于习惯	值了你	什么时刻觉得值了	·让客户"觉得值了"的 10 个时刻 ·觉得值了，客户才会再买，就是买这个值，买这个美 ·这个值必须标准化，稳定交付，才能让客户一买再买
	你懂我	猜你喜欢	·你该专业，你该懂我 ·我买过什么？我还缺什么？告诉我，我还需要什么？ ·猜你喜欢、算法是复购的关键
	真有你	各取所需	·你还有什么？你有更好的吗？ ·我的喜好跟别人不同，你能满足我吗？ ·你对我和别人有什么不一样？你如何让我一买再买，越买越多？

首先，复购一定要让消费者觉得值了，可参阅前面章节提到的 10 个值了的时刻。如果消费者觉得不值，企业就会损失巨大，因为不值便不再推荐，会影响进店；不值便不会再买，会影响转化。消费者只要觉得不值，就会连累所有维度，后果实在很严重。

现代商业竞争已经是没有大数据、没有数据库就会被击败的时代，但关键是你用什么维度去分析。增量还是存量？高净值还是低净值？小红、小黑、红转黑、小白，还是 BTA、RTA？有没有用第一性的"人、货、场"去贴标签？

没有用底层逻辑去分析，只是用"平均"数据会产生错误的判断。这就好像 APP 的首页，你是用增量还是用存量去分析点击的位置？方式不同答案就会有很大的不同。这个"你懂我"做得非常厉害的典范就是网飞。

你看了这个剧集，下一部推送得都八九不离十，所以你会一看再看，会去订阅。不要以为这很基础，有很多平台要么你永远滑不到你想看的剧集或商品，要么你永远滑到你不想看的，不用几次你就取消订阅了。

其次，弄懂消费者，"双向贴标"是体验设计里"复购"的关键。做平台的企业，尽管产品够多，但不在产品和消费者之间双向贴上标签，这个"你懂我"就做不到。例如前面讲过的，你以为听相声的人要的是戏曲艺术或幽默表演，但其实他要的是睡觉，要的是放松，这才是重点。答案就是要用第一性的"人、货、场"去贴标签，"猜你喜欢"才能精准。

最后，就是"真有你"，企业有没有"再买2、3、4"的东西，能让消费者一买再买。你的产品组合里必须有吸睛产品、流量产品、利润产品、经典产品，最怕的就是你只有一种产品。

现在的竞争很残酷，对手要获得流量，最快的方法是什么？很简单，就是找到你公司什么是利润产品，把它打造成他们公司的流量产品。也就是把你公司最赚钱的产品直接半价出售，甚至免费，这样做竞争对手当然无法获利，但会收割一大波流量。

这里我们需要将第一性"人、货、场"思维用起来，在复购维度我们要不断让小红变成大红，不断制造超爱我们的消费者。真正爱你的消费者足够多，非线性增长便指日可待，时间一到就会爆发。所以，在复购这个维度我们要广积粮，大量累积小红和大红。

要知道，韭菜是留不住的，如果企业的消费者都只是韭菜，那就没办法完成累积，实现后续的爆发。流量进来之后，我们要有让消费者购买的利润产品，而不是明星代言或降价结束后销售就停滞了。在复购维度，有没有产品让消费者觉得值了一买再买，觉得值了一直推荐？这就是存量死循环，这一点非常重要。

案例研究
Curves 女性健身房一对一专属量身面谈

Curves 健身房是一个全球连锁健身房品牌，1992 年起源于美国，以专为女性设计的 30 分钟环状运动成功进入女性健身市场。Curves 于 2007 年进入台湾市场，2023 年，在台湾拥有 141 家分店，会员人数达 4.5 万，是一家年营收约 5.5 亿新台币、全台最大的女性健身连锁加盟品牌公司。

我们在帮 Curves 做消费者洞察时，针对存量进行研究后发现了一个挑战，那就是现有会员很难在 Curves 获得成就感。有忠实会员在访谈中表示，Curves 每个月都会和会员做量身面谈，她也很想知道自己经过一个月的努力后结果怎样，但是教练的建议总是雷同，而且不直白，也没有提供科学数据。这让老会员觉得没有办法突破瓶颈，很有挫折感，甚至考虑换健身房。

这个量身面谈的过程是一个很重要的 MOTX。如果这个过程过于简短或过于程序化，或者缺乏深度的解说和指导，会员可能就会觉得这个健身房满足不了个人期待。

这是很典型的使用障碍，怀疑训练方式不适合自己，教练解说听不懂，面谈过程不够专业，会让人觉得不值。

针对会员量身面谈这个 MOTX 的落地，我们做了升级调整。Curves 的美在于一对一定制化量身面谈，健身房每个月为会员提供一次医疗级的人体成分分析仪（InBody）量身面谈，这在其他健身房是需要额外付费的，但 Curves 会员能每个月免费享有一次。

InBody 是一种高精度的生物电阻抗分析仪器，可以测量出体脂率、肌肉量、骨重量，评估身体水分分布。运动健身的人或定期做身体健康检查的人可能都拿到过 InBody 的制式报告。

所以，Curves 对会员的量身面谈服务，除了提供 InBody 数据报告，也会将会员的身体素质做前后对比，以可视化的方式呈现出来。这个月与上个月的运动效果一目了然，能很有效地激励会员维持运动计划。

更厉害的是，Curves 会每月在台湾所有分店对 InBody 检测成绩进行排名。运动次数有几次，体脂率降幅赢过多少人，这些让会员形成一个高黏性的运动社群，他们互相激励，参与感极高。

这个可视化的排行榜是每个月汇集台湾所有分店的 InBody 数据后自动生成的，一上线就引发了会员的热烈好评，每个会员拿到报告的第一个动作就是转发到朋友圈，炫耀这个月自己运动了多少次，也比较体脂率降幅排到全台湾第几名。

会员通过系统看到健身成果，对自己的进步有非常直观的感受，而在别的地方他们看不到这个排名，这会让他们觉得值了，会一来再来。系统工具上线后最直接的商业成效，就是会员的"请假率"和"退会率"都降低了。请假率降低，说明会员更愿意持续保持运动习惯；退会率降低，会员不再流失，表明这个 MOTX 的确能有效留住会员。

更棒的是，Curves 观察到老会员"推荐新会员"的人数增加了,推荐人数增加说明会员对这个体验非常满意。使用者变成传播者,一次改善了"复购率"和"推荐率"两个维度的指标。

推荐维度的 MOTX

推荐一样有 3 个落地点:

"我是谁,他是谁,你是谁"(见表 9-4)。

表 9-4 推荐维度的 3 个落地点

推荐率			消费者角色:传播者
传于印记	我是谁	分享动机	·消费者通过你的产品,告诉别人"我是谁" ·品牌、产品、场景都是载体,让客户"参与二创",然后"分享",这就是最佳推荐动机
	他是谁	谁来推荐	·找出目标圈层里的大节点,老客户、铁粉、大 V、KOL,推荐效果才会倍增 ·相同的情感需求、社群氛围,私域底层是证明我并不孤独
	你是谁	印记裂变	·你的美就是你能让客户"装"得不同,你让消费者"装"得越厉害,你的溢价就越高 ·消费者往身上贴标签,用了你的产品就代表他是谁,被看见才是推荐的强动机

企业要搞清楚，消费者永远都是主角，他通过你的产品告诉别人他是谁。所以在推荐这个维度，**推荐的主体是谁？是消费者自己**。企业千万不要搞错了，消费者要表达的是"他自己"，只是在过程中顺便讲到你。企业或品牌没有消费者自己来得重要，这一点要明白。

所以在推荐这个维度，要落地有一个关键，就是要让消费者"二创"，让他能借由你去展示自己。举例来说，优兔、抖音、脸书、微信朋友圈，点赞、转发、评论都算二创，这些分享动作背后的动机都是希望被看见。

再来看大V、网红、KOL，消费者为什么会跟随这些人？为什么会推这篇文章？因为气味相投，他的观点让我产生共鸣，动机都是我、我、我，要让人们知道我是谁。所以一定要理解这个概念，就是"他是谁"。

要进入不同圈层，就需要找到大的传播者，如果这个大传播者是你的使用者，那就更好了，能加速信息的推进，破圈速度更快。

私域的底层就是篝火，火在人类文明史上的重要性就不解释了。在史前时代，夜晚围着火堆交谈有助于产生更高级的思想，像语言的发明、石制工具的传播等，都离不开篝火。

熟食、营地、语言、交流、抵御、交易、娱乐，这些现代人私域圈层的底层逻辑，和老祖宗们在篝火旁的交谈并没有本质上的差别。

人类社群互动的本质都是先交流再交易，而现在的企业都反着做，先交易再交流，有时还不交流。很多社群就是每天催，一直在交易，一直强卖东西，很快大家就退群了，这种经营方式很难产生黏性。

黏性是什么？就是篝火的氛围，就等同于圈层里所有人的互动质量。篝火与社群都能提供温暖、光亮、安全、知识，让大家有归属感。人们来参加就会有收获，就能被看见，就会想对群体有所贡献……这些深层处理的情感联结才能凝聚人性，产生黏性。

古代猎人在篝火边吹牛在哪里打了一头大象，与现在创始人在董事会上分享公司多厉害、最近做了什么惊人的事是一样的场景。古代的竞技场就像现代人的直播平台，人类的很多行为和老祖宗一样，只是形式改了，但突出个人、想被看见的底层逻辑完全一样。

只要篝火烧得够旺，照得够亮，就能吸引其他部落加入，一传千里。

营地的篝火不能灭，需要持续添柴，要助燃。所以经营私域需要不断地投入时间、精力进行内容互动，像维持篝火不灭一样，确保它能够持续地有吸引力和温暖，重点就是要多对多。

一对多这种单向传播要让圈层保持黏性很吃力。即使再顶流的明星也需要应援团、歌友会等，系统化地组织活动去助攻才能遍地开花、保持热度。因此，在"推荐"这个维度，企业要想办法做局，让圈层里的人自己动起来，互相交流。

篝火是私域的底层，那公域的底层就是种小麦。种植小麦对人类的历史影响深远，当人类开始种植农作物，不再依赖狩猎和采集为生时，人类开始在一个地方长期定居。定居生活方式的出现是关键时刻。

现代人花大量时间在各大平台（如抖音、脸书、优兔、照片墙、小红书）上浏览、互动和购物，由此产生了巨大的流量和曝光。简单讲，古代种小麦，人类群居温饱；现代在平台种草，养粉曝光。

种植小麦后的迭代就是效率、大规模、生产技术、生态圈、交易平台。小麦的种植与收割都要按时间、按规划，这样才能将其商业价值发挥到最大。经营平台流量也是如此。

但不同的田、不同的作物经济价值也不同，这就是关键。你应该立刻就明白，并不是每个大V的流量都值钱，有的大V能带货，有的就不能。

种什么经济价值最高？要考虑变现模式。不同的平台、不同的大V、不同的内容、不同的TA，如果只是种小麦和卖小麦，产生的经济价值就比较有限，但把麦子做成威士忌，经济价值就会突飞猛进。

所以你种的是什么？该种什么？

小麦是增量，要种起来；篝火是存量，要烧起来。

小白才有量，大红才有值，小黑才破圈。

小麦种植面积要广，篝火要烧得旺。

公域负责广度，私域负责深度。

烧柴、种小麦，只有这样品牌才能经营得又深又广。

第 10 章

落地的战略模型：X3 画布

将峰值体验落地时，我们要利用这张 X3 画布。

《峰值体验》的 X 画布有 19 格，这张迭代到第三版的 X3 画布有 26 格。X 画布能把之前讲到的底层逻辑变成模型，能高效地检验策略。

这一章我们会一格一格说明 X3 画布的操作步骤，但先提醒大家，一定要做完洞察，访谈完 4 种人，确定品牌轮（一个 TA，3 个信息，8 个 MOT），完成金榜和黑榜，然后使用 X 画布。

如果你没有这样做，每一格都会产生问题，都没有功效，都是标准的 290。

第三版 X 画布

第 1 格，MOT，请描述那个关键时刻，要具体到有如手机截图。这一格只有金榜里排名第一的 MOT 才能被放进去。不同 MOT 的 X 画布要分开写，也就是说，假设金榜上进店、转化、复购、推荐都找出了第一名的 MOT，X 画布就会有 4 张。

第 2 格，这个时刻持续了多久？1 秒就写 1 秒，5 分钟就写 5 分钟。不过一般来说关键时刻不会长，打开首页浏览也就 3 秒。如果时间太长就要细分，那就会是另一个 MOT。

第 3 格，这个关键时刻针对的是哪个 TA？增量或存量写清楚。

第 4 格，写产品，要具体到哪一个产品，是 4 种产品中的哪一个，吸睛、流量、利润、经典？不要概括地写个 APP，或者很模糊地写一个新产品。

第 5 格，品牌信息，把完成品牌轮时写下的 3 个信息，拿一个对应放在这一格。举例来说，如果第 1 格写的是进店的 MOT，那就从品牌轮 3 个信息中选出进店的信息放在这里，并解释清楚为什么这个信息可以用来进店，与这个 MOT 如何匹配。

第 6 格，印记。十大印记你用哪一个？你如果制作一个 15 秒的短视频，里面要不要出现印记？设计包装要不要印记？过去大家就是都没有检查，什么印记都没有给消费者留下。

第7格，锚在哪里。十五锚你用了哪几个？写下来。过程、工艺、技术、产地、原材料，每一样都可以是很好的锚。很多企业本来就有锚，只是没有讲出来，很可惜。

第8格，消费者的障碍在哪里。消费者的十大障碍，小白看得懂吗？是看懂了但没有人推荐，还是不信任你这个品牌？要把这些障碍写清楚。

第9格，吹风。这里企业要决定吹哪种风。要不要朋友的跟风？要不要平台的台风？人造风？风吹印记拉增量，风一定要吹起来。

第10格，3个黄金时刻中的哪一个，最初、最高、最终，这个MOT落在哪里，要写清楚。

第11格，运用哪种心理效应，锚定效应、展望理论、框架和助推，这些《峰值体验》都提到过，是先避损后趋利，还是马斯洛的需求理论？将问题变简单，排除所有障碍，多运用以上这些认知偏误，合力效应才会出现。

第12格，四大维度，企业目前的重点是哪个维度，顺便往前面检查一下，确保策略选择保持一致。

第13格，消费者是什么党，是专家、参数成分党还是颜值党，他运用的是系统1还是系统2，甚至是系统1+系统2，想

X3 画布

1. 细节描述： MOT就是那个截图	10. 哪个黄金时刻？ 最初、最高、最终	11. 运用心理效应： 锚定/展望/框架/助推
2. 这个时刻多久？	9. 吹哪种风？6种风	12. 四大维度：侧重进店/ 转化/复购/推荐
3. TA是谁？增量、存量	8. 消费者的角色： 十大障碍在哪里	13. 运用系统1或系统2？ 消费者是什么党？
4. 美在哪里？ 拿什么产品交付？	7. 锚在哪里？十五锚	14. 消费者动机： 七大情绪
5. 品牌信息针对哪个维度？	6. 叠加哪个印记？ 十大印记	15. 拟人标签： 28个品牌个性标签

20. 哪个落地点？ 12个落地点	21. MOTX顶层设计说清楚体验设计为何？（布景、道具、动作、服装、走位、表情、台词）与第3格至第20格的关系	26. 企业成本为何？ 激励机制为何？
19. 占据了消费者哪些感官？		25. 消费者最后做了什么动作？
18. 消费者"装"什么？ 十"装"		24. 企业第一负责人是谁？ 最终谁在执行？
17. 消费者什么时候觉得值了？十值		23. 这个MOT的指标为何？
16. 高熵信息vs 高信息增益		22. 消费者最后说了什么？

一想，在这一格写下来。以保健品为例，有人看参数成分，也有人追求性价比。而且很重要的是，要有专家和大 V 等名人吃，才会把风带起来。你的消费者里面专家和大 V 足够多吗？所以，这一格你要仔细去想，才能满足多种消费者的需求。

第 14 格，消费者的动机和七大情绪。马斯洛需求理论满足了什么情绪需求？有没有避损？有没有新的东西？有没有把自己变得更美好？吃保健品难道就没有"装"起来吗？就像现在很多人吃保健品，还要找人从国外代购，这也是一样的心态，代表我很懂，我领先潮流。

第 15 格，是 28 个品牌个性标签，代表你的品牌的辨识度。

第 16 格，高熵信息 vs 高信息增益，你在第 5 格填的是高熵信息还是高信息增益？熵在哪里？增益又在哪里？

第 17 格，消费者什么时候觉得值了，这很重要，在这个 MOT，你满足消费者 10 个值中的哪一个了？

第 18 格，消费者"装"什么，消费者十"装"，到底消费者"装"了什么？保健品的例子，消费者是装懂还是装高级？

第 19 格，占据了消费者哪些感官，五感中的哪一个，视觉、听觉、嗅觉（香味）或触觉（材质）？

第 20 格，哪个落地点，前面讲了 12 个落地点，四大维度中每一维度有 3 个。进店 3 句话，就是这样、那是怎样、怎会这样。看看你的 MOT 用到了哪一个？把答案写进 X 画布，你正在把这些底层逻辑用到 MOTX 上。

需要说明一下的是第 21 格。第 21 格就是要把这个 MOTX 的分镜头写出来，这个分镜头要能够满足第 6 格到第 20 格的定性描述。

举例来说，过去大家拍短视频，都没有第 6 格到第 20 格的内容就发包给外面的制作公司去拍摄。非常有可能，视频拍得很美却没有底层逻辑，消费者看了视频没有植入心智，也不会产生行为。所以第 21 格就是你的剧本，在这里要把分镜头写清楚，讲明白。你就是一个导演，你不用自己拍，外包给谁都行，不然你得到的就是 290。

X 画布解读

首先，我们来看画布，第 3、第 4、第 5 格其实就是你的定位。TA 是谁？美在哪里？拿什么产品交付？你要传递什么信息？第 3、第 4、第 5 格是帮助我们设计重要的战略。

第 6 格到第 20 格则是底层逻辑。第 1、第 2、第 21 格是 MOT + MOTX。

第 22 格到第 26 格，讲的就是评估效果，OKR（目标与关键成果法）或 KPI（关键绩效指标），也就是怎么评估这件事。

所以，这个 X 画布基本上就是在帮助企业把战略落地，它不是流程设计，它能检验战略是否正确，是否满足底层逻辑，是否有效率，这非常重要。

X 画布运用了非常多的底层逻辑和算法，但大家不用纠结，直接用就行。

如果要总结 X 画布，第 1 格就是最重要的事。第 1 格是个手机截图，是时间很短的 MOT。我在带工作坊时常看到企业 X 画布第 1 格放的是一整段故事，写了篇小作文，那就不是 MOT。

别忘了，第 1 格一定要做完消费者洞察，关键时刻排行榜出现在金榜的第一名，才有必要让它孵化。不要在公司内头脑风暴后随便抓一个来做，没有用洞察支持，也没有做出品牌轮，那得到的就是 290。

X 画布做完以后，老板要听，平级单位要听，研发部门要听，产品经理、业务、营销、战略业务单元几乎所有相关人员都需要听一次。所以，X 画布不能乱做，乱做的结果就是大家各自理解，各自发挥，就不会"连续做对"。

接下来，我会以真观顾问和客户合作产出的洞察 i 画布以及 X 画布为例，以最真实的操作带大家看一下如何从洞察到落地。

第 11 章

企业实战：
洞察 i 画布 + 落地 X3 画布

知名服饰品牌 SO NICE 在台湾创立已近 30 年，可以说是台湾本土早期的快时尚知名品牌。第一代老板靠摆地摊累积了第一桶金，打拼 15 年后成立 SO NICE，企业全盛时期有 120 家门店。SO NICE 曾经因为遭遇快时尚外商品牌围攻面临很严峻的挑战，2012 年企业二代接班后经历了长达 7 年的虚实整合战，于 2018 年迎来转型成功。

SO NICE 目前在台湾有 57 家门店，旗下拥有 SO NICE、nice ioi 两个女装自有品牌，年营业额约 12 亿新台币，主打为都市女性设计服饰，提供贴近全球流行趋势且符合亚洲女性身材的都市女装，以反映时尚潮流、呈现都市女性多样风格为主要策略，深受消费者青睐。

SO NICE 都市时尚女装丨洞察 i 画布

真观顾问和 SO NICE 在 2023 年进行深度合作，我们是如何将访谈消费者得来的研究资料以洞察 i 画布呈现出来的？

洞察 i 画布的第 1 格要填写的就是第一性。SO NICE 作为一个以 30 岁到 40 岁女性为目标群体的都市女装品牌，这里写下的第一性是：

- 衣服就是用来修饰身材的。
- 要告诉别人我是谁，往身上贴标签。
- 但更重要的是，同一个人不同场景，想要贴的标签不一样。

在这里，SO NICE 很明确地抓住 30 岁到 40 岁年龄群女性穿衣服的第一性："显瘦、看起来更年轻。"我们在消费者访谈时不断验证了这一点，不管衣服设计多时尚、多流行，只要违反第一性，就没人买。

这里帮大家复习一次"人、货、场"逻辑，人在这里就是形象标签，货就是衣服，场指的是不同的穿衣场景。第一性要呈现的就是最基本的不能动摇的原则。

第 2 格到第 5 格分别是"小白""小黑""红转黑""小红"

的词。不同的消费者，品牌要沟通的词是不一样的。

在SO NICE这个案例中，对它的小红和大红而言，那个词是"性价比、剪裁和质感"，这是经过多轮访谈证实的，SO NICE的死忠粉（爱你的人）都认为以这个价钱买到的质感超出预期，板型、剪裁也很符合她们的气质和身材。某些场合要有气势，某些场合要有自信，或者轻松休闲，这些标签需求都被满足了。

小白和小黑这里给出的词是"同步全球时尚"。很有意思的是，我们要练习看懂，不同消费者对信息的接收是不同的，对SO NICE的小红和大红来说，只要上了新品，觉得漂亮，她们就会一买再买，她们并不太在意这属于哪种流行趋势，或从哪里吹来的时尚。

但相反，对小白、小黑而言，是不是最新趋势、从哪里来的款式非常重要，衣服必须跟着潮流走，消费者是在搜寻"静奢风""法式小香风"这些潮流时找到品牌的，所以要突出并写清楚时尚风格这类信息。

第6格"吹哪种风"，这里呼应了SO NICE选择的词"同步全球时尚"里的"同步"二字，能不能跟上小红书或抖音这些平台吹的台风？能不能跟上平价快时尚国际大品牌的风？甚至更高一层的奢侈品在吹什么世界级的流行风？从免培育、借力使力的角度看，当地品牌如果能做到跟上全球趋势就已经非常厉害了。

第 7 格讲的是"印记"，SO NICE 用了什么印记？颜色、门店装潢、Logo……这里写了"爆品"，是因为现在很多消费者（尤其是小白）原来并不认识品牌，爆款商品的意义在于既有流量又能转化，消费者通过爆款商品认识品牌，进而产生认知，因此爆款商品也属于印记的一种。

第 8 格高熵信息 vs 高信息增益，衣服本身并非高科技产品，而且每个人的衣服从小买到大，已是非常熟悉的高频场景，再加上 SO NICE 的性价比、材质和剪裁，这些都属于高信息增益，消费者并不觉得有什么稀奇。要如何在高信息增益的情况下给消费者足够的刺激，吸引他们的注意呢？那就是增加高熵信息，让消费者"始于迷惑"。

第 10 格要写消费者的"十大障碍"在哪里。消费者可能因为"年纪"对标而评估不适合或不好看，或者小白、小黑觉得看不懂，觉得不高级。这里一定要真诚地面对消费者洞察时发现的转化障碍，留意"幸存者偏差"。你认为做得好的东西，恰好是新客人进来的障碍。我们真正要的是增量和存量都增长，因此要写清楚转化的障碍。

第 11 格，"美在哪里""拿什么产品交付"。SO NICE 选定的是都市女性上班这个高频场景，同时呼应第 5 格性价比这个词，一件衣服如果只能上班穿，搭配值就不够高，因此，上下班都能穿的衣服就是一种交付。另外，华人板型、专属剪裁是 SO NICE 想要放大的美，以此和其他国际品牌的全球化尺寸做出区分，也就是撷取国际流行元素，但是提供适合台湾女性的剪裁，这也是一个主要交付。

第 12 格，"首单体验"。SO NICE 将官网 7 天试用期延长至 15 天，网络上购买的也能拿去门店退；下单后收到商品和网页一致，所见即所得，甚至性价比超出预期很多，这是 SO NICE 设计的首单体验。

接下来是第 14 格，消费者什么时候会觉得"值了"，10 个值了的时刻是哪一个。很多小红和大红在消费者访谈时反馈，SO NICE 衣服天天都可以穿，上班能穿，下午茶能穿，有些正式宴会也能穿，这一点让她们觉得很值。高频场景都能用，多元又百搭，这就是值了的时刻。

第 15 格要写的是"低谷"在哪里，为什么消费者买一次就不买了，弄清楚之后写下来。

SO NICE 深挖自己官网那些"首单即终单"的客户，发现很多消费者买了并没有退货，也就是说对这笔订单是满意的，

洞察 i 画布

推荐率

21. 推荐的MOT

会员买了SO NICE只会自己默默地穿，针对VIP没有特别活动，没有社群，穿SO NICE没有被看见，也无法分享

19. 有哪些大V?

胡小祯、速玲、Gary Tu

20. 拟人标签：28个品牌个性标签

自信、专业、务实

18. 消费者"装"什么？ ＋"装"

装高级、装自信、装时尚

5. 小红的词

性价比
剪裁质感

1. 第一性

- 衣服就是用来修饰身材的
- 要告诉别人我是谁，往身上贴标签

17. 复购的MOT

因为评价所以之前买了很多件，但我不知道有什么值得说的，例如与什么流行同步？用了什么先进材质？所以不知道怎么和朋友分享

16. 消费者动机：七大情绪

把自己变美好
被看见"装"起来

4. 红转黑的词

15. 买一次不买的低谷在哪里？

买了一件后，找不到其他想要的

14. 消费者什么时候觉得值了？ ＋值

多元百搭、高频场景

复购率

进店率

6. 吹哪种风？6种风

平台的风
竞争品牌吹的妖风

**7. 叠加哪个印记？
十大印记**

颜色、Logo、
门店、爆品

9. 进店的MOT

看到SO NICE橱窗
觉得没系列感，或
者没有吸睛的主题，
感觉比较成熟

2. 小白的词

同步全球时尚

**8. 高熵信息vs
高信息增益**

高熵信息
高信息增益

- 但更重要的是，同一个人不同场景想要贴的标签不一样

3. 小黑的词

**10. 消费者的角色：
十大障碍在哪里？**

不适合、不好看、
不高级、看不懂

13. 转化的MOT

进店逛时店员介绍
只说舒适、料子好，
没有说明SO NICE
的美（例如流行元
素或是如何穿搭），
少了情绪冲动

12. 首单体验如何？

官网购买享15天试用期
免费退换货
收到商品性价比超预期

**11. 美在哪里？
拿什么产品交付？**

适合上班/下班多种场景
同步全球时尚
华人版型
专属剪裁

转化率

但后来为什么不买了？结果发现，这些消费者其实后来都去官网逛过，但是找不到她们想要的就走了。不管是线上还是线下，很多品牌都有可能发生这种情况，就是好不容易引流进来，结果消费者看不到自己想要的就走了。这的确是个低谷。

第16格，"消费者动机"。马斯洛的七情满足的是哪一层呢？SO NICE 是时尚品牌，希望消费者穿上衣服之后感觉自己变漂亮了。我们访谈小红和大红之后知道消费者还有一种底层动机，那就是穿得好看时会期待别人问她："你这衣服哪里买的？"品位被认可，"很会穿"的形象被别人羡慕，这会让她乐于推荐。让消费者能"装"起来也是一种要满足的动机需求。

第18格，"装"起来，消费者在十"装"里属于哪种呢？呼应第16格，SO NICE 可以写下装高级、装自信、装时尚。

第19格，有哪些"大V"。年轻潮流的服装品牌常常会找明星代言，SO NICE 以30岁到40岁女性为目标群体，这个群体的注意力未必会锁定在名人或明星身上，她们更可能专注于某种生活形态。所以，未来 SO NICE 会朝这个方向去找大V。

第20格，"品牌个性"。SO NICE 锁定的目标是30岁到40岁的女性，她们有自己的工作和事业，可能有家庭，有自己的生活品位，品牌希望能帮助消费者呈现一种自信专业的美。因此，自信、专业、务实是 SO NICE 可以考虑的品牌个性词。

第9、第13、第17、第21格,这4格就是"进店""转化""复购""推荐"MOT,图上也写了示范。

洞察i画布的运用,是企业在对消费者进行访谈时记录用的工具。i画布不是答案,是对我们搜集的信息的整理。

打造爆款美白冰纱衣丨落地X3画布

接下来,我们来看SO NICE的X画布,也就是如何利用X画布做出爆款商品。

第1格,要详细描述MOT,也就是那个"手机截图"。再讲一遍,这个MOT必须是金榜第一名。SO NICE这里选择的截图针对增量,也就是小白或小黑。

撰写MOT(见图11-1)时要符合MOT的定义:"是谁,在什么情况下,感受到什么。"所以这个MOT可以写成:"一个30岁到40岁的都市女性上班族,路过SO NICE门店橱窗,看到凉感机能衣服。夏季炎热,正好对凉感机能衣服有兴趣,觉得风格比以前年轻时尚。"

这个MOT时间长吗?路过而已,非常短,应该只有几秒(第2格)。是对增量还是存量?增量(第3格)。但这个MOT选择得非常好,不但对不认识SO NICE的小白有用,对存量也有用,老客户看到有针对夏季凉感设计的新品上架,同样会进店。

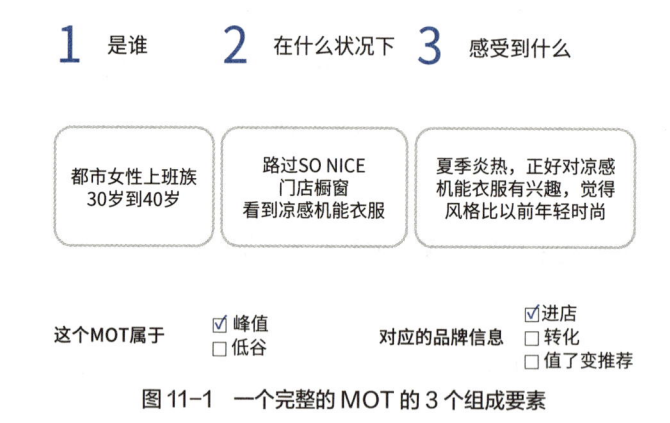

1 是谁	**2** 在什么状况下	**3** 感受到什么
都市女性上班族 30岁到40岁	路过SO NICE门店橱窗看到凉感机能衣服	夏季炎热,正好对凉感机能衣服有兴趣,觉得风格比以前年轻时尚

这个MOT属于　☑ 峰值　　对应的品牌信息　☑ 进店
　　　　　　□ 低谷　　　　　　　　　　　□ 转化
　　　　　　　　　　　　　　　　　　　　□ 值了变推荐

图 11-1　一个完整的 MOT 的 3 个组成要素

第 4 格,美在哪里,拿什么产品交付。SO NICE 推出的产品是 2024 年夏天的爆款商品"美白冰纱衣",这款商品能清凉降温,有效防晒,设计多变,各种流行色的内搭、西装外套、飘逸宽裤甚至风衣款都可与之穿搭,在凉感之上增加了时髦又丰富多元的造型搭配。

第 5 格,品牌信息针对哪个维度。这里的主要信息针对的是进店,但也可以带动转化。

第 6 格,印记,第一个用上的印记就是产品命名本身,以"美白冰纱衣"为印记不断叠加。第二个印记是颜色,产品主要是凉感与防晒,视觉设计使用的是代表清凉感受的蓝色,以及富有科技感的银色。

第 7 格，锚在哪里？这款美白冰纱衣用了两个锚。

(1) **材质的锚**：通过 SGS（通标标准技术服务有限公司）检测报告，在瞬凉以及防晒两方面取得认证。SGS 本身就是一个大锚。

(2) **场景的锚**：上班、都市通勤、休闲户外、弹力显瘦等，都市女性生活中会高频出现的场景。

第 8 格，消费者的障碍。过去 3 年 SO NICE 一直在做凉感衣，只是之前并未强调 SGS 认证，也没有把"凉感"这个信息当成主打，存量客人到店后店员介绍了才知道："喔，这衣服穿了有凉感。"衣服是好衣服，老客户买得也很高兴，但就是沟通效率不高。

过去，凉感衣服对 SO NICE 的新客人来说，最大的障碍就是看不懂、无感，她们没有好奇心。增量并不认识 SO NICE，在这种情况下，要怎么让她们秒懂呢？一个滑手机或路过橱窗甚至只是看到网络广告的顾客，要怎么吸引她进来看？从 2024 年开始，SO NICE 用了"第四代凉感科技""瞬凉值"等高熵信息，以降低新顾客的信息接收障碍。

第 9 格，吹哪种风。这种有凉感、能防晒的衣服并不是新产品，近几年来各平台已经把风吹得相当大了，各种成衣品牌

X3 画布

1. 细节描述MOT：就是那个截图

路上看到SO NICE橱窗，发现年轻好看，又是凉感衣，觉得很好奇，门店里衣服会怎样，上班好像也可以穿？就进店了

10. 哪个黄金时刻？最初、最高、最终

最初

11. 运用心理效应：锚定/展望/框架/助推

锚定（材质）
展望（美白防晒避损）
框架（冰纱衣）

2. 这个时刻多久？

3秒

9. 吹哪种风？6种风

平台的台风
竞品的妖风

12. 四大维度：侧重进店/转化/复购/推荐

进店 + 转化

3. TA是谁？增量、存量

增量

8. 消费者的角色：十大障碍在哪里？

不适合、看不懂

13. 运用系统1或系统2？消费者是什么党？

颜值感官党
跟风党、性价比党

4. 美在哪里？拿什么产品交付？

美白冰纱衣
凉感、时尚、多场景
高性价比

7. 锚在哪里？十五锚

SGS认证
上下班等高频场景

14. 消费者动机：七大情绪

把自己变美好
被看见"装"起来

5. 品牌信息针对哪个维度？

进店
同时带动转化

6. 叠加哪个印记？十大印记

爆品名称
颜色

15. 拟人标签：28个品牌个性标签

自信、专业、务实

20. 哪个落地点？12个落地点

那是怎样
（美白冰纱衣）

19. 占据了消费者哪些感官？

视觉、触觉

18. 消费者"装"什么？＋"装"

装自信 装时尚

17. 消费者什么时候觉得值了？＋值

所见即所得

16. 高熵信息vs高信息增益

高熵信息
高信息增益

21. MOTX顶层设计说清楚体验设计为何？（布景、道具、动作、服装、走位、表情、台词）与第3格至第20格的关系

点进官网，看到"美白冰纱衣"，没看过这个名字，很新奇。点进去一看，原来是凉感防晒衣，很适合上班内搭，下班也能穿。很适合夏天通勤穿，可以解决夏天晒黑闷热的问题。还分不同等级"重磅、Plus、Pro"，重磅有挺感又显瘦、Plus透气凉爽、Pro专业防晒，想要下单试一下！

26. 企业成本为何？激励机制为何？

研发、制作、营销成本、店员绩效奖励

25. 消费者最后做了什么动作？

进店，试穿

24. 企业第一负责人是谁？最终谁在执行？

第一负责人李总经理
各部门一级主管

23. 这个MOT的指标为何？

进店率，转化率
销量提升

22. 消费者最后说了什么？

原来SO NICE 这种新材质和新设计，很适合年轻上班族，能防晒又凉快，还很好看

（竞品）一到夏天都在疯狂主推，可以说这种衣服是夏季服装市场的流行商品。所以，在消费者已经被主流市场培育得很成熟的前提下，SO NICE 趁势强化美白冰纱衣，这就是我说的"跟品类风，吹品牌风"。借力使力，以自己的独特印记，借着大势狂风一起吹向消费者。

第 10 格，哪个黄金时刻，从消费者路过橱窗这一点来看，很明白，是"最初"这个时刻，针对增量做进店。

那么，第 11 格又运用了什么心理效应呢？

- **锚定效应**：材质，这里以 SGS 认证作为锚。
- **展望理论**：先避损后趋利，避损在这里就是美白，不想被晒黑；我们不想夏天热到汗流浃背，全身黏黏的，这也是避损。
- **框架效应**：以美白冰纱衣命名，用上了高熵信息吸引人进店。
- **助推效应**：就是认知放松。这里用上蓝色、银色，代表清凉及科技感，消费者五感上更容易接受。

第 12 格，四大维度侧重哪一维度，打造爆品的目的是希望有高流量，流量进来之后有高转化率，所以是进店＋转化两个维度。大家要记住，爆品的本质是效率，一个 MOT 可以满足两个维度，就是极有效率的 MOT。

第 13 格，运用系统 1 或系统 2，消费者是什么党。对 SO NICE 美白冰纱衣几乎涵盖了系统 1 和系统 2、颜值感官党、性价比党、跟风党、大 V、参数成分党。以凉感来说，研究机能性面料离不开 SGS 认证，这就进入系统 2 的讨论了。例如，Q-MAX（纺织品接触凉感测试）凉感系数这种指标，是很科学理性的系统 2 的数字。这些数据和背书就是高信息增益，是能让消费者确信其功能的信息。

第 14 格，消费者的七大情绪（见图 11-2），分别满足五感刺激快乐、先避损解焦虑、被看见"装"起来、把自己变美好这 4 种不同层级的动机情绪需求。满足越多层级的情感需求，价值越高，消费者越觉得值了。

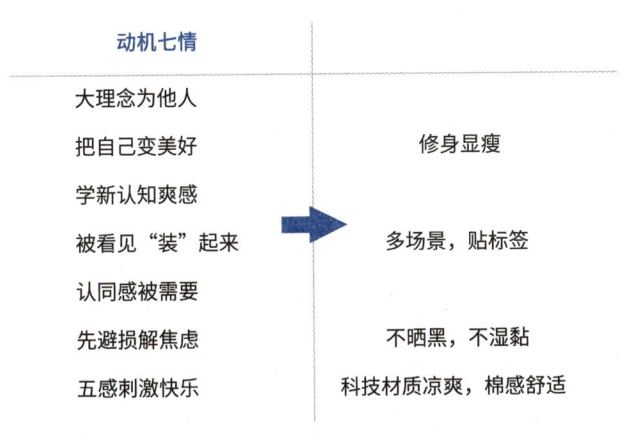

动机七情

大理念为他人	
把自己变美好	修身显瘦
学新认知爽感	
被看见"装"起来	多场景，贴标签
认同感被需要	
先避损解焦虑	不晒黑，不湿黏
五感刺激快乐	科技材质凉爽，棉感舒适

图 11-2 消费者的七大情绪

第 15 格，品牌个性，可以回到 i 画布的第 20 格，自信、专业、务实，检查一下是否一致，拿过来用就可以。

第 16 格要写高熵信息和高信息增益，针对这款爆品，高熵信息就是"美白冰纱衣"的产品命名，以及"第四代凉感科技"这个命题。至于高信息增益，就是"SGS 认证、Q-MAX 凉感系数、UPF（紫外线防护系数）"，同时这款商品"性价比"很高，也属于高信息增益。

第 17 格，消费者什么时候觉得值了。SO NICE 在这一格填写的是"所见即所得"。意思就是消费者在橱窗或在网站上看到的是凉感衣服，拿到衣服上手一摸，果然既丝滑又有凉感，试穿时不仅觉得凉爽，而且显瘦。稳定交付且符合期待，消费者就会觉得值。

第 18 格，消费者十"装"，这里答案很明显，装年轻、装时尚。衣服一定要让消费者穿起来感觉年轻又好看，这是第一性。

第 19 格，占据消费者哪些感官，这里答案填写的是视觉和触觉。

第 20 格要填写的是落地点，在进店这个维度有 3 个落地点，"就是这样，那是怎样，怎会这样"。就是这样，SO NICE 美白冰纱衣用上了系统 1 加系统 2。那是怎样，就是大家都在穿。怎会这样，美白冰纱衣为什么能降温？为什么能防晒？因为用了第四代凉感科技。同时运用以上落地点，就能呈现出非常高的熵值。

> **第 21 格 MOTX 撰写示范**
>
> 点进 SO NICE 官网，看到"美白冰纱衣"，看到 -℃的符号，觉得很好奇。原来是凉感防晒衣，设计好像上班下班都能穿，夏天通勤也没问题，可以解决夏天晒黑闷热的问题。
>
> 还分"重磅、Plus、Pro"不同等级，重磅有挺感又显瘦、Plus 透气凉爽、Pro 专业防晒，价钱也不贵。想要下单试一下！

第 21 格，就是 MOTX，要在这一格把体验设计分镜头说明完整，包括布景、道具、动作、服装、走位、表情、台词，以及与第 3 格到第 20 格的关系。

第 22 格，消费者最后说了什么。我们希望买了衣服的消费者穿了之后能开心地说："原来 SO NICE 这种新材质和新设计很适合年轻上班族，可以防晒又凉快，穿起来还修身好看。"

第 23 格就是做完这个 MOT 之后衡量绩效的指标。"进店率"、"转化率"以及"销售数字"是 SO NICE 放在这里的 KPI。

第 24 格，第一负责人，SO NICE 放的是总经理，执行者则会有很多人，商品部门、门店、陈列、官网、平面设计、包装设计、商品拍摄等各部门一级主管都要参与。

第 25 格，消费者最后做了什么动作，SO NICE 希望在这个 MOTX 中消费者能产生的行为有两个："试穿"或"购买"。

第 26 格，企业成本与激励机制，企业成本包括研发成本、制作成本以及营销成本。激励机制则和教育训练及业务销售业绩挂钩，会有一定的奖励。

cama 咖啡店｜洞察 i 画布

cama 咖啡成立于 2006 年，从一家平价外卖咖啡的街边小店起家，发展成为全台湾知名连锁品牌，cama 以挑豆、烘豆上的讲究，搭配店内的烘豆工厂设备，做出一杯杯新鲜又有质感的咖啡，深受咖啡消费者喜爱。

2023 年，cama 咖啡全台湾门店有 161 家，年营业额约 5.5 亿新台币，会员 70 万人，是以现烘立饮的咖啡文化推动外带、外卖为主的连锁咖啡店。

真观顾问探究 cama 的第一性，跟它的定位有关，原本 cama 设定的就是小型店，能快速贴近消费者，并走进他们的生活。因此，提供平价、高频消费的咖啡，让消费者每天都能饮用是 cama 的初衷。

这张洞察 i 画布，由访谈 cama 的小红、小黑、红转黑以及小红的记录整理而来。我们挖出了 cama 的关键词，是"启动生活的开始"，针对 4 种人各自的意义，可以看一下 i 画布的第 2 格到第 5 格。

这里特别提一下第 7 格的印记，当我们访谈消费者，问他们 cama 咖啡有哪些印记让他们印象深刻时，他们都会提到黄色，然后是白色娃娃。

这个 IP 的名字叫 Beano，虽然消费者可能叫不出它的名字，但白色娃娃的印记确实让人印象深刻。

另一个印记就是 cama 咖啡一致地使用原木装潢，原木质感呼应了第一性，代表的是自然、人文，让人感觉优雅沉静，消费者会自动联想到质朴或原生态，那种纾压与放松的生理反应是天然木头能带来的疗愈力量。

cama 咖啡门店的设计初衷是希望消费者能沉浸于沉稳、宁静和匠心制作的氛围中，即使快速经过门口无须抬头看招牌，五感也能知道这就是 cama 咖啡店。这个印记的叠加十分有效，

推荐率

洞察 i 画布

21. 推荐的 MOT
cama会员要订咖啡给来参加会议的客户喝，想到星巴克最高级，而且口味大家都能接受，cama味道可能太浓，决定点星巴克

19. 有哪些大V？
公司主管
公司内会议或下午茶订购咖啡者
喝美式、精品咖啡的爱好者

20. 拟人标签：28个品牌个性标签
经典精致、感官愉悦
专业可靠、幽默高知
聪明懂你

18. 消费者"装"什么？+"装"
装懂（懂咖啡、懂生活）
装时尚（这是新的咖啡）
装高级、装圈层（职场成功人士）

5. 小红的词
咖啡、懂生活、懂品位

1. 第一性
· CP值高
· 快、方便、提神
· 浓、香

17. 复购的MOT
上班族早上去cama点咖啡等了5分钟，觉得这样太久了，下次再点cama可能会赶不上公交车，决定下次不点了

16. 消费者动机：七大情绪
先避损解焦虑（快、便宜、提神、方便）
被看见装起来（高级、专业）
学新认知爽感（工艺、原料、杯子）
把自己变美好（进入状态、对自己好）

4. 红转黑的词
出杯慢、门店太少不方便买

14. 消费者什么时候觉得值了？+值
交付（提神进入工作状态、香浓好喝、客制化符合口味）
即时（快速不用等）
高频（会员制有优惠）

15. 买一次不买的低谷
没交付（上班时买咖啡等太久了）

复购率

进店率

6. 吹哪种风？6种风

跟风、台风（cama同事与社群讨论少）
人造风（7-ELEVEn通过APP推寄杯优惠广告）

7. 叠加哪个印记？十大印记

外观（杯子是可以利用的）
颜色（cama黄印记明显）
IP（Beano广为人知）
产品口味（浓郁、香）

9. 进店的MOT

上班族早上出门想买咖啡时，想到公司楼下就是7-ELEVEn，比不顺路的cama方便，就决定买7-ELEVEn

2. 小白的词

高熵

8. 高熵信息 vs 高信息增益

缺高信息增益（品质、出杯与结账速度不一）
缺高熵（名字、豆子、餐食、杯子都不特别）

· 高熵、专业
· 可连带早餐

3. 小黑的词

高效、高CP值

10. 消费者的角色：十大障碍在哪里？

不适合（店少、出杯慢、结账慢）/不高级、没预算（咖啡与早餐太贵）/没看懂（不知道好在哪里、高级在哪里、新在哪里）

13. 转化的 MOT

上班族早上经过cama门店，看到店的外观和海报，不觉得特别，决定买便宜的7-ELEVEn就好

11. 美在哪里？拿什么产品交付？

实在、好品质、价格适中/具独立咖啡店专业、小众感的连锁店/咖啡香、浓、提神、奶泡绵密、比例好/Beano广为人知/用流量、吸睛产品交付

12. 首单体验如何？

cama咖啡比较贵，但买完、喝完后没有觉得更高级，不知道贵在哪里

转化率

这一点在消费者的访谈中持续得到印证。

cama 咖啡的口感本身也是一个强印记，消费者在访谈中不断表达 cama 咖啡的风味十分浓郁，喝起来具有冲击力。这是因为 cama 咖啡的制作经过测量仪评定，本身就符合"金杯标准"，这是咖啡萃取最重要的标准。

金杯标准也是一个统计结果，分析最受欢迎的咖啡，发现其萃取浓度在 1.15% 至 1.35% 之间，萃取率在 18% 至 22% 之间，符合这个金杯标准的咖啡，在风味、酸度、甜度等各方面都达到了平衡。这些公式细节可能对专业咖啡师才有意义，可惜的是，消费者只知道 cama 咖啡喝起来比别家的浓郁，但是没有收到这背后的价值信息。在整个咖啡饮品的消费者访谈中，我们发现 cama 咖啡面临两个比较重要的挑战：

1. **缺高信息增益**：质量、出杯与结账速度不一。
2. **缺高熵信息**：名字、豆子、餐食、杯子都不够特别。

关于"速度"这个咖啡重要的交付，在 cama 咖啡的洞察 i 画布上几乎每一格都被提到了。其实 cama 咖啡出杯的速度已经很快了，但为什么消费者还是有这种认知呢？因为便利店咖啡的速度印记更加深入人心，很多人认为咖啡专卖店的咖啡能更快被拿到。所以针对这些挑战，cama 咖啡如何利用 X 画布进行体验升级、打造爆品呢？

高熵＋高信息增益组合拳｜落地 X3 画布

首先我们来看 X 画布的第 1 格，细节描述 MOT。这个 MOT 写的是："上班族早上经过 cama 门店，看到门店的外观和海报，觉得很特别，决定买杯新品试一下。"这时进入第 2 格，这个关键时刻非常短，可能不到 5 秒，消费者就会决定要不要进店。

我们希望能吸引更多第一次尝试 cama 咖啡的消费者进店尝试（第 3 格）。第 4 格，拿什么产品交付。这次 cama 咖啡要升级的产品非常明确，是"上班的那一杯"咖啡，这杯咖啡每天都要喝，是非常高频的大赛道。因此第 5 格的品牌信息针对哪个维度？主要是进店。另外，上班族经过门店看到，觉得好就买，也会增加转化。

第 6 格，要叠加哪些印记呢？X 画布这里填写的答案是"专业、快速、'装'起来"。所以大家要体会，一款爆品的设计，印记已经不再只是 Logo、颜色、外观和造型，更重要的是满足消费者需求的底层逻辑。

所以要怎么让消费者感觉专业呢？cama 咖啡在杯子上采用

X3 画布

1. 细节描述MOT：就是那个截图

上班族早上经过cama门店，看到门店的外观和海报，觉得很特别，决定买杯新品试一下

2. 这个时刻多久？

5秒

3. TA是谁？增量、存量

都有，以增量为主

4. 美在哪里？拿什么产品交付？

上班那一杯咖啡
专业、快速、"装"起来

5. 品牌信息针对哪个维度？

进店+转化

10. 哪个黄金时刻？最初、最高、最终

最初

9. 吹哪种风？6种风

跟风/台风（办公室/IG及FB）
人造风（咖啡豆获奖）

8. 消费者的角色：十大障碍在哪里？

不高级、专业（杯子上没有信息）
不适合（出杯太慢）
没有懂（不知道cama）

7. 锚在哪里？十五锚

材质、工艺、排行榜（产地、萃取法、获奖）
场景（适合上班喝）
情绪（能快速进入工作状态、对自己好一点儿）

6. 叠加哪个印记？十大印记

专业、快速、"装"起来杯子外观、IP、黄色、Logo

11. 运用心理效应：锚定/展望/框架/助推

锚定（豆子获奖或产地、萃取工艺）
框架（看到新杯子觉得是新产品）

12. 四大维度：侧重进店/转化/复购/推荐

进店、推荐、转化

13. 运用系统1或系统2？消费者是什么党？

系统1
颜值感官党
跟风党

14. 消费者动机：七大情绪

把自己变美好（外观好看、喝了状态好）
学新认知爽感（高熵新奇）
被看见"装"起来（懂咖啡、懂生活、职场成功人士）

15. 拟人标签：28个品牌个性标签

经典精致 感官愉悦
专业可靠 幽默高知
聪明懂你

20. 哪个落地点？12个落地点

进店那是怎样
转化看这个
推荐我是谁

19. 占据了消费者哪些感官？

视觉

18. 消费者"装"什么？十"装"

装懂（懂生活装高级、
装成就（职场成功人士）
装时尚（有新款杯子可以买）

17. 消费者什么时候觉得值了？十值

交付（满足对自己好、"装"的情绪）

16. 高熵信息vs高信息增益

高熵（名字、杯子、萃取工艺、豆子产地与获奖）
高信息增益（质量固定、出杯与结账稳定地快）

21. MOTX顶层设计说清楚体验设计为何？（布景、道具、动作、服装、走位、表情、台词）与第3格至第20格的关系

分镜头一

早上要买咖啡时，看到cama海报上推的一款"黑底烫金的杯子"，上面有烫金的cama Beano字样，发现cama杯子不一样了，好像有新产品

分镜头二

看到海报标题是"cama冠军庄园咖啡"几个大字，下方有"采用第四代超醇萃工艺""多30%咖啡香气、15%浓郁感""快速出杯工艺，3分钟出杯"

分镜头三

买完看见杯子有Beano插画搭配金句，如Beano穿西装做简报图配"精力满满，万事不难"或是Beano提公文包和一杯cama赶路的图，配"速度快与对自己好，我都要"

26. 企业成本为何？激励机制为何？

包材成本
行销奖励
设计成本

25. 消费者最后做了什么动作？

购买黑金杯款咖啡
拍照上传

24. 企业第一负责人是谁？最终谁在执行？

Penny、门店人员

23. 这个MOT的指标为何？

黑金杯款咖啡销售量
增量消费者数量

22. 消费者最后说了什么？

cama和之前不一样了
很专业、高级，之后上班可以常买

了更直观的信息传达,"冠军庄园豆""熟成养豆3天以上""黄金萃取率18%",将珍贵原材料辅以慎重处理,以凸显专业等级咖啡的卓越风味。更重要的是"第四代超醇萃工艺UipEt4"这个信息,以"第四代"呈现工艺的突破与迭代。以上这些都是用"高熵信息"和"高信息增益"一套组合拳利落施展出来的手法。

第7格,这款爆品用上了哪些锚呢?工艺、材质、排行榜(豆子产地、萃取法、获奖)、场景(适合上班喝)、情绪(能快速进入工作状态、喝咖啡对自己好一点儿),非常多的锚定。这些呼应了第8格移除障碍,消费者之前没有理解到cama咖啡的美,直接在接触点上解决问题,一次移除所有障碍,是这款爆品设计优先考虑的事。让我们快转进到X画布第21格,要怎么写下MOTX呢?

分镜头一: 早上买咖啡时,看到cama咖啡海报上推的一款"黑底烫金的杯子",上面有烫金的cama Beano字样和"冠军庄园豆""熟成养豆3天以上""黄金萃取率18%"等信息,发现cama杯子不一样了。

分镜头二: 看到海报标题是"cama冠军庄园咖啡"几个大字,下方有"采用第四代超醇萃工艺""多30%

咖啡香气、15%浓郁感""快速出杯工艺，3分钟出杯"，感觉好像很快就能拿到一杯新鲜现煮的咖啡。

分镜头三：使用"扫码点餐"点了一杯新品，省去排队和结账时间，还可以自动累积会员积分，不到3分钟，显示屏就叫号取餐，出杯非常快速！买完看见杯子有Beano插画搭配金句，如Beano穿西装做简报图配"精力满满，万事不难"或是Beano提公文包和一杯cama赶路的图，配"速度快与对自己好，我都要"。

所以，cama咖啡希望带给消费者什么感受，消费者之后会说什么（第22格）？就是"cama和之前不一样了"。让我们一起期待一个升级版的cama咖啡爆品，让大家沉浸在咖啡浓郁的幸福中。

第 4 部分
企业 & 线上

- B2B 品牌的关键时刻
- 关键时刻在线上
- MOTX 峰值引擎

第 12 章

B2B 品牌的关键时刻

这一章我们要讲一讲该怎样将 MOT 运用于 B2B（企业对企业）。

前面提到现代消费者的不同之处。

首先，小白没那么白，任何一个小白只要看 5 分钟的小红书，马上变专业，他不再是一张白纸。其次，红黑转来转去，现在消费者的转换成本非常低，手机点一点马上换品牌，没有任何损失。大红、大黑严重影响着世界，例如马斯克讲一句话，全球数亿人马上收到这则信息。

这就是今天 2C（面向消费者）的商业世界。

B2B 的第一性：高效、省钱、出结果、能复制

我们如果把视角移动到 B2B 领域，必须明白以下几点。

1. 企业客户不能用小白来定义

小白的确是第一次找你，也可能是第一次买这个产品或服务。但在找你之前他一定已经先做了功课，甚至已经和你的竞争对手谈过也比较过。也就是说，在 B2B 的世界里，新客户只是还不曾与你有过交易，但他在行业里就是小黑，甚至专业程度不会低于你。

2. 企业相对不容易红黑转来转去

企业的转换成本很高，一旦采用某个供货商，就不会一直换来换去。这不只是钱的问题，投入的时间、金钱、学习曲线、人力成本等企业都需要考虑，这使得企业不容易转换品牌或供货商，但这并不代表企业就不会换。

3. B2B 的大红、大黑是产业领导者

2C 的世界是大红、大黑在发挥影响力，B2B 的世界就是头部企业、领军品牌、百强企业这些产业领导者绝对地影响着其他企业，甚至比 2C 世界里的影响力更大。

4. 绝对不要让"首单即终单"在 B2B 发生

人们常讲"这个世界很小",真正会买你产品或服务的企业客户可能就那几家,而且很可能还彼此认识。做得好或不好,消息在业界传得很快,大家一定都能打听到。所以做 B2B 每一单都不能掉以轻心,一定要顾好客户。

但最重要的是,我们要了解 B2B 的第一性原理是什么。

我们一样要用"人、货、场"的思维解读 B2B 的第一性原理。图 12-1 中的 7 点非常重要。

货 / 任务品类

- 企业为什么要做这件事
- 企业最想解决什么问题
- 企业怎么考核算达成任务
- 你的交付是什么
- 其他品类可以取代吗
- 品类是如何进化的
- 能不能变简单、高效且省钱

图 12-1 用"货"思维解读 B2B

第一,企业为什么要做这件事?第二,企业最想解决什么问题?这就是用"货"思维从任务、品类去看。但第三点是企业用户和一般消费者最不同的地方,那就是企业用户负有考核任务,也就是供货商在服务企业时,要弄清楚企业是怎么考核你的,怎样才算达成任务。这可跟做一般消费者的生意不同。简单讲,企业已经把考题告诉你了。

以我为例,很多企业找讲师去做内部教育培训,那么老板或人力资源部门是怎样考核这个教育培训的?总不会是获得满堂彩吧。一定是发放课后问卷,询问学员,老师讲的哪部分可以运用到实际工作中,效率提升了多少,解决了工作中的哪些难题,等等。这就是从企业客户的考核标准去审视你的交付。

顺便说一句,企业供应商的决策者和使用者很有可能不是同一个人,甚至不是同一个部门。老板出钱做教育培训,但上课的是员工,负责找老师的是人力资源部门。老板觉得老师很优秀是一回事,但教育培训怎样才算好,通常是上课的学员在打分。所以,"使用者的考核"是品类任务的底层。

"货"思维接下来的几点:你的交付是什么?有其他品类可以取代吗?品类是如何进化的?以前教育培训可能靠老师一个人讲,现在很多企业已经采用远距离在线授课的方式,未来可能会使用 AI,效率越来越高。这个第一性原理的最后一点对企业来说更重要，那就是：企业的交付能不能变简单、高效且省钱。

但你以为企业买的就是这些"货"吗？下面这几个问题你不妨思考一下：你认为企业买的是你的咖啡机吗？其实并不是，企业买的是如何更快速地做出一杯咖啡给消费者。你认为企业买的是你的设计图？其实并不是，企业买的是消费者对它的强印记，企业买的是消费者因这个包装或设计而愿意支付的溢价。

你认为企业买的是你做的PPT（演示文稿），其实企业买的是消费者的MOT。你认为企业买的是你的软件，其实企业买的是内部能高效沟通。你认为企业买的是你的解决方案，其实企业买的是在财务报表上费用明显降低。

所以，在企业第一性的洞察与落地中，我们第一个要学习的就是"企业要的是交付，不是服务"。企业要的是解决其问题，要能出结果，也就是4件事：高效、省钱、出结果、能复制。这才是关键。

B2B第一性原理的第二个关键学习，就是企业买你的产品是为了它的客户。

管理学之父彼得·德鲁克在1954年就已经定调"企业的目的在于创造客户"，没有客户就没有企业，也可以说企业的本质是由客户决定的。

所以我们针对 B2B 做洞察时，不能只洞察企业本身，**更需要洞察这家企业在服务怎样的客户**，理解企业的客户到底有什么需求，才能做成这家企业的生意，因为企业是为了满足其客户而存在的。

接下来看 B2B 第一性原理洞察中的"人"思维，该如何将马斯洛的需求理论运用于 B2B？

最下面一层，企业的很多采购决策是想让员工开心，产生正面影响。员工心情舒适，开心了，效率才高，提升员工满意度一直都是企业需要直面的事情。

倒数第二层避损解焦虑也是企业的重点，我常常听到老板到处讲：

"好险我上了这个课。"

"好险我做了这个事，帮公司省了好多钱。"

"还好我最先引入这套系统。"

"某某人在买，我也买了，我买的没有错。"

这些表达除了避损，也在追求认同，你看，我买对了吧！我最先买，我眼光多准。

然后就是上面 3 层，企业为什么常常请外部讲师，要求员工都要上课呢？因为想提升员工的素质，让他们更好地服务客户。这些教育培训、送员工去上 EMBA（高级管理人员工商管理硕士）、专业能力的提升等等，都属于上面 3 层的动机。

然后是最上层，企业有没有大理念为他人？当然有，就是 ESG（环境、社会和公司治理）企业永续发展，这不用解释。

至于"人、货、场"的"场"思维，图 12-2 列的都是企业里的高频场景，包括策略规划、财务报表，企业在进店、转化、复购、推荐四大维度的品牌营销，选才、育才、留才，产品开发迭代、采购供应链管理、管理组织流程协作，这些都是企业每天都会遇到的高频场景。在 B2B 中，企业提供的产品或服务与以上场景越相关，赛道就越大。

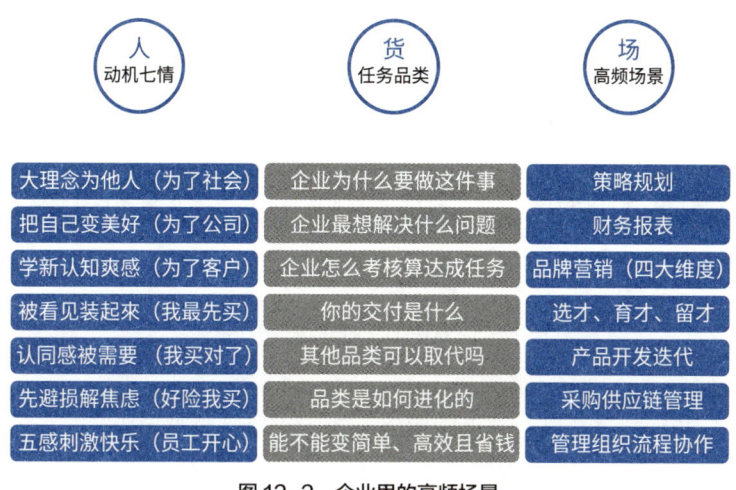

人 动机七情	货 任务品类	场 高频场景
大理念为他人（为了社会）	企业为什么要做这件事	策略规划
把自己变美好（为了公司）	企业最想解决什么问题	财务报表
学新认知爽感（为了客户）	企业怎么考核算达成任务	品牌营销（四大维度）
被看见装起来（我最先买）	你的交付是什么	选才、育才、留才
认同感被需要（我买对了）	其他品类可以取代吗	产品开发迭代
先避损解焦虑（好险我买）	品类是如何进化的	采购供应链管理
五感刺激快乐（员工开心）	能不能变简单、高效且省钱	管理组织流程协作

图 12-2　企业里的高频场景

B2B 的 10 个值了

但企业什么时刻会觉得值了,一样要从第一性的"人、货、场"思维展开。我们把什么时刻让消费者觉得值了的"十值",重新拿出来从企业的视角认真检视(见图 12-3)。你可能会以为,这十值是我一开始就为企业用户写的,因为它对企业同样适用。

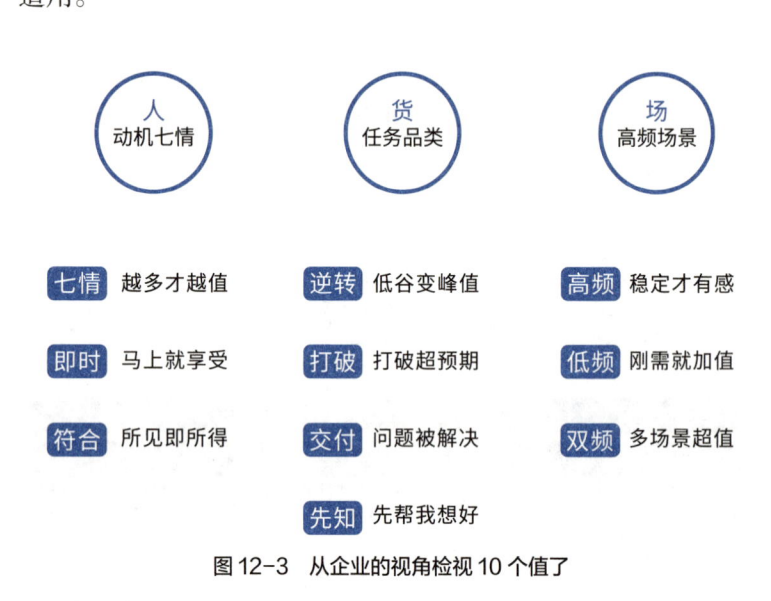

人 动机七情	货 任务品类	场 高频场景
七情 越多才越值	逆转 低谷变峰值	高频 稳定才有感
即时 马上就享受	打破 打破超预期	低频 刚需就加值
符合 所见即所得	交付 问题被解决	双频 多场景超值
	先知 先帮我想好	

图 12-3 从企业的视角检视 10 个值了

第一,"七情"满足的层级越多,企业越感觉值了。

第二,"即时"马上享受,现在企业整天都喊快快快,快点儿交付,快点儿帮我提升净利,快点儿帮我砍掉成本,快点儿让我的员工都学到。

第三，所见即所得，企业更加重视信用与承诺，你答应我是这样，你的交付就必须这样，所见即所得这一点在企业端更加没有敷衍或容错空间。答应的事情没做到，所得和所见有落差，这还不是红转黑下次不交易的问题，在企业端这有时还牵涉违约或背信的问题，后果很严重。

第四，低谷变峰值，也就是洞察出企业的问题所在，帮它变成峰值，老板立刻就觉得值了。

第五，打破超预期，你的交付比老板想象的还要多，他立刻觉得值了。这个远超预期，就是在对方专业知识层级以上再提供附加值，进一步讲，就是打破企业内部的盲区与误区。

第六、第七，问题被解决，先帮我想好。在 B2B 中，所谓的专业，就是作为乙方，你经历过那么多项目，早就该知道甲方会遇到哪些问题，你必须帮企业避坑，少走弯路。答案早就准备好了，找你就对了。这些预判背后代表的都是深厚的洞察与经验，这种领先经验会让人感觉专业、安心。

第八、第九、第十，"人、货、场"的"场"思维，怎样才会让企业用户觉得值了？就是要符合以下 3 点：

- 高频：稳定才有感。
- 低频：刚需就加值。

- **双频**：多场景超值。

以高频场景为例，现在很多商用软件和课程都在教人们如何在职场中有效沟通，因为有效开会与达成共识是企业非常高频的事件，每天都在发生。你提供的服务或产品，如果针对的是这种极高频率、普遍适用的商用场景，赛道就很大。

企业针对高频场景提供服务，就要确保能够持续稳定地交付。提供网络服务就一次都不能断线；提供视频或语音会议系统服务，画质就必须高清无滞后，音质清晰流畅；提供协作平台服务就要远程登录无障碍，权限管理方便，超大云端存取文件快速容易。这些高频场景在企业中发生得太密集，你必须很稳定地交付，企业才会有感。话说回来，企业对不稳定交付格外敏感，一出事马上就会跳起来，这就是一体两面。

那对企业端而言，什么是低频的刚需呢？例如企业的员工绩效考核，可能一年才做一次，这个需求的频率是低的，但重不重要？相当重要。不管你是叫作 KPI、OKR、MBO（管理层收购），还是 OGSM（目的、目标、策略、测量），这些管理指标都需要企业去制定。此外，还包括绩效奖金，怎么计算提成、加薪和保险等，这些需求的发生频率可能以月或季度为单位，频率都不算高，但其复杂程度也需要一套好用的解决方案。以上这些都是企业的低频刚需，企业需要方案去解决这些需求。

至于双频，讲的是企业里的多场景。以软件或 APP 来说，现在很多增值服务既可以开视频会议，还能同步多端点安排会议行程、预订会议室；视频会议结束后立刻出会议记录逐字稿，还能视觉化呈现工作完成百分比与进度表，并做出提醒，甚至能进行考核。这种多功能的整合能满足企业各种场景的需求，企业用户会觉得非常值。

B2B 的底层逻辑：三复四效与品牌三大变量

商业的底层逻辑都是一样的，我们总结为"三复四效"。三复指的是：复利、复合、复制。

第一个复是"复利"，复利效应是非线性增长的关键，当企业选对 BTA 裂变延伸、印记叠加变成消费者心智进而成为品牌资产时，复利效应就会出现。"复利"用在 B2B，就是品牌战略三大变量的"选对人"。

"选对人"这个变量，以真观顾问为例，我们的生意是很典型的 B2B，提供企业端的咨询服务。真观顾问一开始服务客户，并没有选择中小企业作为 BTA，而是选择大型企业、知名品牌等,例如豫园集团的老庙黄金、无尺码内衣品牌 ubras、喜马拉雅 APP,这些都是难度很大的体验设计项目。这么难,为什么要去做?因为这些大型项目具有指导意义。

选择 BTA 的策略意图,是帮企业延伸到 MTA 主战场。当我做完老庙黄金时,其他卖黄金、钻石、翡翠的都来找我;做完 ubras,卖男装、女装、童装的品牌也来了。选对 BTA 才会帮你裂变和延伸。

选对 BTA 在 B2B 中更加重要,如果一开始企业的客户都是世界百强、产业龙头、领军企业或非常有钱的公司,延伸效率就会非常高。大家还记得前面讲的"选对人",我建议了 9 个优先考虑的标准,B2B 选客户时同样可以参考(见表 12-1)。

表 12-1　BTA 九宫格

年轻	大都市	职位
时尚	有钱	知识分子
KOL	知名企业	尖端科技

在 B2B 中,客户群总数不可能多,有可能公司所有客户加起来不超过 30 个,最重要的那 10 个大客户的业绩占比通常超过 80%,你做对一个客户帮你延伸 10 个客户就已经不得了了。

在 B2B 中，常常是客户帮忙带客户进来，我实在无法强调选对 BTA 有多重要，选对了才有机会倍增。

第二个复是"复合"，也就是查理·芒格提到的 lollapalooza 效应，结合其他技术与合作伙伴的能力，整合后提供给企业端作为整体解决方案。"复合"用在 B2B 中就是品牌战略三大变量的"做对事"。

再以我为例，很多时候，我们公司要与市场调研公司、设计师、建筑师、AI 公司合作一起为客户服务，每个环节都会影响我们的峰值体验交付。企业一定要记住卖的是"交付"，这在 B2B 中很重要。因为很有可能你最大的优势就是可以整合各种服务一次性提供给你的企业主，企业省心又省钱还出结果，它们当然会找你。

做对事，另一个要紧的事，就是要弄清楚老板在想什么，使用者要什么。项目一旦进入交付这个阶段，引路者和评估者都已经离开了，现在的关键就是使用者，300-10 = 290，简单才高级，方案过于复杂在企业内部注定不能落地。东西不能用、不好用，使用者觉得不值，只要和老板提一句"这都没用"，你就完了。所以要顾好使用者，一出现低谷就要立刻解决。

第三个复是"复制"。简单讲，就是做完这个项目企业能不能将其复制到其他项目，如果不能复制，企业就很难做大。不能复制，你就很难稳定交付。企业最该复制的就是算法、人才和体验。

B2B 第三个变量是"说对话"。要考虑的就是高熵信息和高信息增益。一方面要有高熵（你的研发、技术、新产品）才会吸引客户进店，另一方面要出结果才有高信息增益。

这个用高熵信息进店的故事在我身上体现得更加明显，我在《峰值体验》中讲过我放弃了"定位"两个字的故事。

所以，信息的熵值重不重要？当然重要。我之所以会在 B2B 的 10 个关键时刻的第一个（后面马上会提到）就建议大家规划一场有高熵标题且具有高信息增益内容的演讲，把风吹起来，都是基于这个底层逻辑。

至于高信息增益在哪里，企业一定要用真实案例去说明，你用这套方法帮助了哪些企业实现了多大幅度的增长，不但存量增长了，增量也增长了，这是一个确实可行的双增长模型，这才是企业一买再买的关键。

> **关键时刻　关键思维**
>
> B2B 三复：复利、复合、复制。

高熵进店，因为有熵值，企业才会被你吸引。但在B2B中，最后的交付还是要奔着4件事进行：

高效、省钱、出结果、能复制

这4件事指的就是高信息增益，有信息增益才能转化，这才是关键。

四效：分发效率、算法效率、迭代效率、人才效率

接下来我们谈谈企业的4个重要效率。

传统企业有3个非常重要的效率，就是"制造效率""供应链效率""管理效率"，做好这3个效率，成长通常不是问题。在现代企业竞争中，企业还需要具备另外4个效率：

分发效率、算法效率、迭代效率、人才效率

如此才能创造出非线性增长。而你能不能帮助企业客户把这4个效率变得更高效，就是你的重要交付。

第一，分发效率。讲的是企业多快可以把产品交付给消费者。线上还是线下的分发效率高？大家通常会回答线上交付快，但其实线下店越开越多，也能拥有极高的分发效率，还能有效

阻止竞争对手进入。

渠道竞争是规模经济与资本的比拼，当消费降级越来越明显时，企业的分发效率更加重要，消费者只愿意花100元时，谁能更快触达消费者呢？

第二，算法效率。简单说就是双向贴标、精准榨干。要对消费者贴标，同时对产品贴标。运算思维的概念是拆解问题、识别规律、归纳、设计算法，这是一系列思维活动。大数据与人工智能技术的持续进步，使得企业在满足消费者需求时更快速、更贴切，企业一定要更好地运用算法效率服务消费者。

第三，迭代效率。企业需要不断迭代更新，主动追求迭代是竞争的本质。这里提供几个顶尖企业的迭代效率：

- **淘宝**：版本每月更新一次。
- **网飞**：网站首页版本每两周更新一次。
- **微信**：每半个月更新一次。
- **拼多多、抖音**：每周发布一次新版本。
- **特斯拉**：一年进行约20次重大版本更新。

第四，人才效率。企业永远都在追寻人才效率。企业只有快速复制人才、复制体验，才能源源不断地输出以上3种效率。

企业若没有三复和四效，就没有掌握商业的核心，换句话说，一开始的洞察就要跟着"三复四效"前进。

如果你以为自己卖的是货、是机器，后面交付就会出问题。

B2B 的 5 个洞察主体

在 2C 领域做洞察，3 个洞察主体分别是自己、消费者以及竞争对手。到 B2B，要增加两个洞察主体（见图 12-4）。

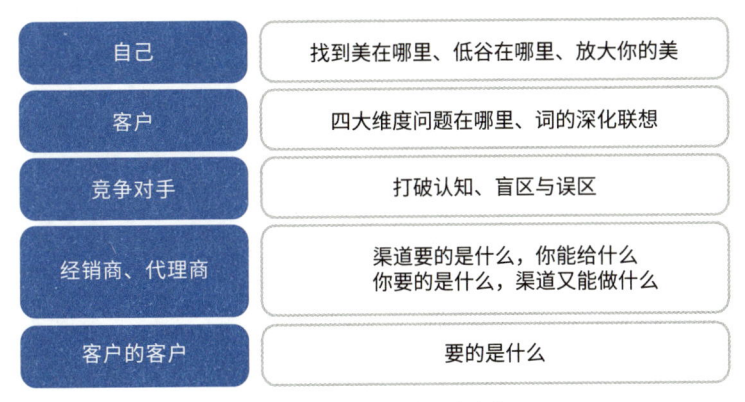

自己	找到美在哪里、低谷在哪里、放大你的美
客户	四大维度问题在哪里、词的深化联想
竞争对手	打破认知、盲区与误区
经销商、代理商	渠道要的是什么，你能给什么 你要的是什么，渠道又能做什么
客户的客户	要的是什么

图 12-4　B2B 5 个洞察主体

第一个就是"客户的客户"，企业服务的客户要的是什么？一定要弄清楚、去洞察，才会立于不败之地。

第二个就是经销商和代理商，这是企业不可或缺的合作伙伴，包括全球代理、总经销以及各种不同层级的渠道、分销商、集成商等等，你需要详细洞察。企业的商业价值是通过生态链传递的，所以洞察商业中的生态圈是关键。针对渠道的洞察有两个关键，与商业生态圈有重大关系：

一是渠道要的是什么，你能给什么？
二是你要的是什么，渠道又能做什么？

企业和渠道之间是分工合作的关系，做得多，钱就拿得多。经销商拿了钱不做事，或者做了很多事却没赚到钱，合作关系都不会长久。

底层逻辑就是前面讲过的篝火，在 B2B 的商业生态圈里，经销商和代理商就是夜晚一同围在篝火旁的猎人。企业主是猎人，渠道也是猎人，那么别的猎人为什么要来你的营地？当然是因为你有食物可以分给他。

篝火旁的熟食、营地、语言、交流、认知、八卦、交易、娱乐、抵御、分工等等，体现在 B2B 商业环境里，就是你打来的猎物会分给他吗？你能提供更好的打猎工具吗？你知道更多的猎物在哪儿，能帮助他更快拿到食物吗？话说回来，你又需要这位猎人帮你做什么？他很会捕鱼？射箭很准？他是个料理小天才，烧烤做得特别香？总之，就是你和他在能力上是否可以互补，在做事上能不能分工合作，这样两个猎人才有办法一起成功前进。

企业和渠道的合作基础就是彼此能够"交换",这也是经济学的底层逻辑,只有这样,这条路才能走得长久。讲到渠道,这 3 件事必须记在心中:

(1) 怎么分工?

(2) 怎么分钱?

(3) 未来在哪里?

但如果只有分工和分钱,非常有可能这个合作是短期的。不要以为渠道都是唯利是图的,不看重长期主义。如果渠道没有感觉到你是一家可以一起成长或决心长期投资品牌的公司,而是一家没有订单就撤,甚至市场做起来就准备收回代理的品牌,渠道又不傻,谁会帮你抬轿呢?

B2B 在四大维度中的 5 种角色

消费者在四大维度中分别是"路过者、探询者、使用者、传播者",这 4 种角色是同一个人,只是在"进店、转化、复购、推荐"的不同维度中角色产生了变化。

企业在四大维度中则会有 5 种不同角色(见图 12-5),那就是：

引路者、评估者、决策者、使用者、传播者

这 5 种角色可能是不同的人，甚至是不同部门、不同公司或不同集团。

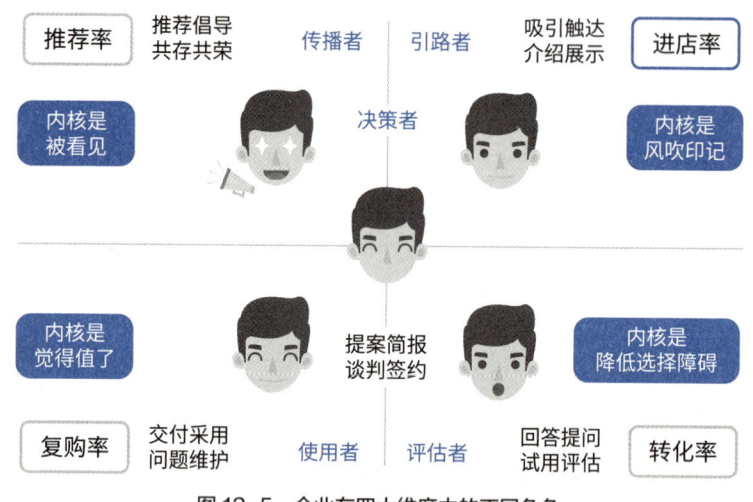

图 12-5　企业在四大维度中的不同角色

第一个角色是"引路者"，对企业来说，引路者有可能就是你的经销商，如何触达甲方，有中间商介绍速度才快。如果没有这个引路者，你接触不到这些企业用户，或者你接触的不是企业真正的决策者。但引路者的专业知识未必有你丰富，此时你该用的是他的人脉和关系，如果引路者很厉害，那么你会更轻松。

进店和转化都与引路者有重大关系。你该洞察的是"引路者要的是什么,你能给什么;你要的是什么,引路者又能做什么"。

第二个角色是"评估者",这在企业里多得不得了。从采购、财务、法务、人事,到实际使用部门里的主管,甚至有的大项目还要提案到董事会,这么多评估者都有可能影响采购决定。评估者要做的事情就是试用和评估,你要做的事情就是准备好展示与试用,并回答评估者的提问。

这些评估者有如企业里的拦路虎,他们存在于每一关,你必须洞察,不然你知道评估者想听到什么答案吗?你知道这些评估者因为所处位置不同承担了怎样的经济成本与心理压力吗?他为什么要拿自己在职场上的信用帮你背书?如果不洞察评估者,没有解决他们的焦虑,他们就不会将你引荐给决策者。

第三个角色是"决策者",你要做的是什么?就是提案简报以及谈判签约。但常见的问题是,你知道企业里的关键决策者是谁吗?有时不一定就是老板。而老板是怎么看待这件事情的?他内心真正想要解决的事与评估者和使用者应该不一样,这才是你要深挖的东西。所以,你必须洞察决策者在想什么。

第四个角色是"使用者",你要做的就是交付采用,并提供售后服务。但使用者过去的低谷在哪里?你要洞察出来。别以为决策者同意就行了。如果没有消除使用者的低谷，使用者不满意，付钱的老板就不会一买再买，首单即终单。

请记住，B2B 的业界很小，哪个项目让使用者不满意、做得不好，很快就会尽人皆知。无论是好的还是坏的口碑，大家都打听得到，你必须马上填平这些低谷的坑。

第五个角色叫"**传播者**"，关键是推荐倡导、共存共荣。如果你让客户觉得值了，而这个传播者还是企业的首席执行官，那么恭喜你，复利就产生了，很快你的名声就会一传千里。这些企业大老板可能还会支持推荐你的品牌，对外宣称用了你的产品有多好，这就是真正的共赢。

所以最后问一句，B2B 你该对谁友好？

答案是，你必须对这 5 种角色都友好。因为他们都在某个关键时刻扮演了决策者的角色。你该做的就是针对 5 种角色，运用底层逻辑，洞察出每个阶段的关键时刻，再进行体验设计，这时企业版的洞察 i 画布就派上用场了。

B2B 的洞察 i 画布

第 1 格到第 5 格，就是企业 5 种角色对你公司的看法，也就是对你公司的印记。如果他们都没有看法，那就是你的风根本没吹起来。

第6格，吹哪种风。一开始的风最好能直接吹到老板那里，这样速度更快，因为决策者是关键。这就好像老板先来上我的课，觉得课程很好，回去马上交代人力资源部门，第二天就来约企业内部培训。但如果换种情况，先来上课的是营销主管，他觉得非常好，回去建议老板来上课，老板很有可能会说，"你们上过的课太少了，这种课适合你们上，不适合我"。所以，B2B的风要先吹到决策者，效率才高。

第7格，企业的印记是什么？一样要用十大印记来洞察，举个例子，一想到IBM（国际商业机器公司），你就会想到蓝色Logo。

第8格，高熵就是要迭代。意思是产品必须推陈出新，新东西、新科技、新趋势才有熵值。高信息增益就是交付，也就是"高效、省钱、出结果"，这都是"高信息增益"加上"复制"。

第10格，避损是企业的第一性。企业非常在意避损，因为企业系统每导入一样东西都有购置成本和学习成本，企业肯定很担心用了以后浪费时间、浪费资源，如果花了资源和时间却没有结果，负责这个项目的人前途就堪忧了。所以，避损绝对是企业的第一性，如果无法说服企业风险是可控的，企业宁愿

推荐率

洞察 i 画布

21. 推荐的 MOT	19. 有哪些大V？ 老板的宣传	20. 拟人标签：28个品牌个性标签 信任是一切
	18. 消费者"装"什么？＋"装" 他要被看见，被业界看见	5. 传播者
		1. 决策者
17. 复购的 MOT	16. 消费者动机：七大情绪 马斯洛的动机七情就是ESG	4. 使用者
	15. 买一次不买的低谷在哪里？ 低谷要马上消除	14. 消费者什么时候觉得值了？＋值 值就是要有交付

复购率

进店率

6. 吹哪种风？6种风 风要先吹到老板那里	7. 叠加哪个印记？十大印记 印记就是你的辨识度	9. 进店的 MOT
2. 引路者	8. 高熵信息 vs 高信息增益 高熵就是要迭代 高信息增益就是效率	
3. 评估者	10. 消费者的角色：十大障碍在哪里？ 避损是第一视角	13. 转化的 MOT
12. 首单体验如何？ 首单就是与企业接触的最初	11. 美在哪里？拿什么产品交付？ 放大你的美有多重要	

转化率

第 12 章　B2B 品牌的关键时刻

维持不动。所以，洞察要找出企业一定会避开的损失是什么，不能触碰的底线在哪里，才能有针对性地提出恰当的提案。

第11格，企业的美在哪里，这个非常重要，你的美必须奔着第一性原理的交付进行，前面讲过，不再赘述。

第12格，我想花一点儿时间讲一下首单体验。一般来说，企业客户找供货商，不会只找一家，在你之前企业可能已经见过很多提案简报了。如果第一次见面仅谈话就觉得供货商不靠谱，还没试用就觉得不行，后面就什么都不会发生。首单体验就是与企业客户接触的最初，讲得再清楚一些，你初次和客户做正式简报的那个时刻，就是企业客户对你品牌的首单体验。我们都知道，第一次做简报不行，就会首单即终单。

第14格，交付，就是我们前面讲的10个值了的关键时刻，没有交付，比赛结束。要消除低谷，而且要马上消除；对企业而言效率是一切，不能等，要立刻消除。但同时我们也听过无数的故事，能把低谷变成峰值，在企业端你就能获得更长久的利益。

第16格，动机与情绪。马斯洛动机七情最下面一层是让员工开心，最上面一层就是ESG。

第18格，"装"起来，企业在"装"什么，要被谁看见？企业要被业界看见，被目标市场的企业主看见，不太需要被普通人看见。被业界看见什么？看见你的案例、你的市场占有率、你的获奖、你的创新。简单讲，就是你的锚被业界看见，企业辨识度才更有用。

第 19 格，大 V，企业主或首席执行官的宣传就是你的大 V。企业越大倍增效应越强，这就是你的复利，所以一定要抓住这种强强联手的机会。

第 20 格是品牌个性，在 B2B 只有一句话，"信任才是一切"。千万不要以为企业都是用系统 2 看问题，只讲数字、规格或理性决策，实际上企业一买再买的最底层原因就是信任。

B2B 的 10 个 MOT

B2B 第一个 MOT 在"进店"维度，企业应该策划一次**具有高熵标题但内容具有高信息增益的演讲、课程，或写一篇这样的文章**。这个 MOTX 的目标是把风吹起来。

要做 B2B 生意也需要吹风，企业需要在展览会、论坛、年会、企业联盟这些大平台上把风吹起来。这些商业平台是产业聚合体，受众相对精准明确，但也因为同行聚集，信息繁杂，你更需要用一个熵值很高的命题去引起大家的兴趣。

比如现在的热门话题 AI，"AI 如何在企业内落地双向贴标，让复购率提升"这类题目就能引起大家强烈的兴趣,大家听到就会觉得有意思,会觉得应该知道这些事情,必须马上听到。另外,最新、最前沿的材料、科技、管理趋势、OGSM、ESG企业永续等,都属于高熵标题。

而高信息增益就是确定性的答案,你帮过多少家企业,在多短的时间内帮助企业增加了多少业绩,企业主一听就懂,会期待能够马上应用于自己的企业,就会约你聊一聊,达到"进店"的目的。

所以,准备好一场具有高熵标题但内容具有高信息增益的演讲,可能是 5 分钟的短视频,或者半小时的视频演讲,又或者是一篇好读的文章,让你的目标企业客户"一见就进",这是 B2B 第一个关键时刻。

B2B 第二个关键时刻就是公司简介,这是个非常重要的MOT,也是被严重低估的 MOT。你有训练你的业务人员去做好这件事吗?

我想问一句,你的公司简介几分钟能讲完?老板都会说 3 分钟,但实际上业务人员做的公司简介随随便便都是十几页,嘴上都说没问题,我 3 分钟讲重点,但 30 分钟过去了还没讲完。

做公司简介,最好是准备一个 3 分钟和 5 分钟的版本。如果你是一个很成熟的乙方你就会知道,甲方真正的大老板不会一开始就坐在会议室里等着听你读简介,他们通常会姗姗来迟,大老板进来时你刚好把公司简介讲一半,旁边的二把手马上说,麻烦您再从头快速说一遍,所以3分钟撒手锏这时候就派上用场了,你公司的美在哪里,放大你的美,要在大老板面前一击即中。

中途被打断、前面不想听被要求快转到最后报价页,甚至停在竞争分析页被甲方不停追问,这些情况都是高频事件,都可以事先设计好应对方案。可惜很多公司太过于依赖资深业务人员的随机应变,这种各显神通最大的问题是,公司的简介无法稳定交付。

B2B第三个MOT,是你的成功案例,让客户知道你的美,不是你自己讲的,是客户讲的,是有实证的,要知道甲方通常都充满戒心。"你讲的是真的吗?"这肯定需要锚,需要成功案例去证明。

至少要准备3个成功案例,而且是具有代表性的案例,为什么?因为这3个案例用来证明你的成功不是偶然的。那什么叫具备代表性?3个案例要分别代表大中小市场、不同垂直领域、不同国家、不同地区,代表你的成功可以被"复制"。简单讲,成功案例就是清楚地呈现你的实力,无论何种客户,你都能够取得正面成果,这样甲方才会相信你的美不是你自己讲的,而是可以被复制的。

但很不幸,这种经典案例讲得好的常常就是企业老板一个人,或是执行这个项目的人,其他业务人员都讲不好,因为他们根本不了解细节。这种不能复制的断裂状态会造成很低的转化效率。所以我们要重视第三个关键时刻,也就是案例分享,美不是我自己说的,成功是可以被复制的。

B2B 第四个 MOT,就是问题与回答。甲方开始问问题,就代表对你有兴趣。所以你有没有搜集企业对你最常提出的 20 个问题?你有没有一个标准且最佳答案?如果你能准备好 20 个问题用来接招,怎么问都问不倒,客户就会感觉你很专业。我常讲,如果一家企业听完你的公司简介没有任何问题,你的问题就大了,那就代表企业对你根本没兴趣,不相信你,也不想了解你,所以走个过场,应付一下,事情就结束了。

但真实的状况是,公司并没有整理这 20 个问题。因此,公司里若有 30 个业务人员,对这 20 个问题的回答自由发挥,那就会出现 600 种不同答案,每个业务人员答的都不一样。事实上,很多业务纠纷都来自企业对业务人员的提问,就是因为业务人员乱回答。最常听到甲方企业生气地说,"你们上一个业务人员讲的不是这样的","他乱讲的",问题是,甲方怎么知道你哪次不是乱讲的。

所以，企业针对最常被问到的 20 个问题，要有一个标准且最佳答案，这非常重要。让你的业务人员不被甲方问倒，甲方就会相信你，而且确保这个回答在最后是可以稳定交付的。以上这些 MOT 都属于"引路者"，属于"进店"维度。

接下来讲"评估者"，评估者一定会做的一件事情，就是叫你展示产品或服务。所以第五个关键时刻，就是<u>产品或解决方案的展示</u>。关于这个展示，企业最大的误区就是把它当成产品教育培训做。这几乎是每家企业都会犯的错误，尤其是有研发背景的企业最喜欢讲产品，滔滔不绝从头讲到尾，要知道，客户都还没有买，他才不想学怎么用。

展示产品这个 MOT 有一个重点，就是让客户秒懂你跟别家有何不同。我们前面不断提醒大家，洞察的重点在于 4 个没有，"没有印记，没有透传，没有差异，没有故事"。所以，我们要一秒就让客户看到买你的产品和买别人的有什么不同，这才是你展示产品的峰值，才是关键时刻。

展示产品的另一个重点，就是客户以为你在展示产品，其实你在通过展示的过程理解客户的需求，这才是最厉害且高明的。

所以第六个关键时刻，就是<u>把展示过程变成洞察客户需求的过程</u>。你可以边展示产品边问："我这个产品有一个最大的特色，林总经理不知道您公司会遇到这样的情况吗？那么你们的问题是什么？这个产品可以帮你们做到什么。"借着聊天展示，了解客户真正遇到的问题，一旦他讲出问题出在哪里，那里就是最重要的切入口，也就是你的交付。

展示是个非常好的套话工具，下次对客户展示千万别再单方面自顾自地进行产品教育培训，而忘了最重要的关键时刻，"挖出客户真正的需求"。

第七个关键时刻，**让甲方觉得自己是独特的**，跟别的企业是不一样的。你应该事前好好去洞察甲方，找到甲方跟别人有何不同。换句话说，你应该先找到甲方的美，然后想办法放大甲方的美，也就是放大甲方的竞争优势。在初次见面的时候分享你的发现，甲方一定会觉得你非常了解它，遇到知音了。

其实每家企业都觉得自己跟别的企业不一样，这出于第一性原理。所以，企业本质上都期待客制化。当然，你更应该根据第一性原理的底层逻辑去思考，"高效、省钱、出结果、能复制"这4件事，你能给客户怎样的建议，那个建议朝着什么结局前进。你们公司的产品解决方案能不能帮客户达成这4件事，然后给客户一个建议。这时给出的建议是让企业客户知道你厉害在哪里，知道你真的非常懂它，这才是你在最初这个黄金时刻要建立的首单体验。

不要让企业客户觉得你讲了半天都是在自吹自擂，只会讲你自己的好，没有给出针对性建议。提出对企业客户的深度观察研究，能更好地表达你对这个项目的重视，也显示在这个领域你的经验、理解以及专业程度。这个建议本身就基于企业底层逻辑，那就是高效、省钱、出结果，能复制。这当然会是一个峰值体验。

第八个关键时刻，就是<u>正式提案</u>。经过前面一连串的洞察与理解，走到这里，你应该非常清楚甲方的需求，这个提案你将针对5种角色去做，不能只对决策者一个人友好，因为不一定只有老板在听。你当然了解这5种角色的比重，最重要的是，什么是决策者认为最重要的交付。

提案有一个重点，就是你应该让客户"有选项"，否则你就是让客户"没有选择"。企业最讨厌的就是没有选择，企业已经觉得没路走了，乙方还要来赚它的钱，逼它没路走，那么你认为转化率会高吗？

第九个关键时刻，就是<u>出问题的时刻</u>，但其实就是你反转的时刻。很多供货商告诉我，企业对其一买再买，就是因为交付出过问题但立刻就被解决了，低谷立刻变成峰值。解决问题的能力也是企业的实力，所以我建议，一旦企业客户拿出问题，不要解释，第一时间立刻解决，把低谷变成峰值。在出问题的关键时刻如果能反转，就能建立信任，企业客户会觉得与你合作不用担心什么，出了问题也能很快得到解决，不会影响它做生意，下一单就会继续与你合作。

第十个关键时刻，就是"最终"这个时刻"你的交付"。从一开始你就要想清楚甲方要的是什么，你的交付应该远超甲方的预期，这样甲方就会觉得非常值。因此，预期管理非常重要。

以我们真观顾问为例，我们帮企业客户做洞察、做落地，永远都会先设想这家企业当初买的是什么，给出的超乎其期待。例如，企业可能只是邀请我去做一场企业内部培训，但我在讲课的过程中会提供对其客户的洞察视频，企业常常会吓一跳，然后觉得非常好，觉得太值了。这个视频不但有助于提高教学效率，对学员产生冲击，"原来消费者是这样想我们的"，进而更好地理解课程内容，同时付钱的老板会觉得赚到了，买一堂课还拿到了消费者洞察。

"一开始没想到，我以为我买的是这个，结果我得到了更多"，这并非牺牲成本去满足客户，而是在达到高效、省钱、出结果、能复制这4个方面想办法在交付上远超企业的期待。

这10个B2B的MOT，都是非常重要的关键时刻（见图12-6）。请时刻提醒自己：

企业要的是交付，不是服务。

搞错交付，比赛结束。

> 1. 一场具有高熵标题但具有高信息增益内容的演讲，把风吹起来。
> 2. 3分钟让你知道，我美在哪里。
> 3. 3个案例分享，美不是我自己说的。
> 4. 让企业20个问题问不倒，你可以相信我。
> 5. 展示产品，看见不同。
> 6. 我可以请教您，您真正要的是什么？
> 7. 让甲方觉得自己是独特的，找到甲方的美，放大甲方的美。
> 8. 这是我的提案，我们可以先从这个开始。
> 9. 一出现问题低谷，不解释，立刻解决。
> 10. 这是我的交付，远超您当时要的。

图 12-6　B2B 的 10 个关键时刻

B2B 交付时的 8 件事

在 B2B 的最后，我们回到一开始所说的 B2B 的第一性：高效、省钱、出结果、能复制。企业要的是交付，不仅仅是服务。你现在应该知道这有多重要了。但在交付的时候，我们要注意以下 8 件事。

高效 vs 长期价值

高效代表企业内部立即上线,马上可以交付服务或解决方案,实际上高效也是降低你自己的运营成本,这已经很清楚了。但 B2B 的商业底层逻辑是长期的,一买再买是关键,因此提供长期价值很重要。企业要通过稳定交付、良好沟通、协同作业和持续迭代,为客户提供可持续的长期价值。

省钱 vs 无风险

企业当然想省钱,成本效率和盈利能力至关重要。但我们也讲过企业避损是第一性。省钱的同时不能有风险,千万别忘了这一点。如果企业客户觉得虽然便宜但风险很大,它会转头就走。换句话讲,企业的决策不仅仅是便宜,无风险也是重大的决策维度。

结果 vs 弹性

企业一定会要你出结果,要稳定交付。但有趣的是,企业的竞争是动态的,你对企业的交付要保持灵活。你不但要满足或超出客户的期望(所见即所得,打破超预期,先帮我想好),还要机动地调整策略与执行。

你会在企业的选择中胜出，更多时候是因为你能灵活地适应不断变化的需求，跟着客户的挑战一起前进，提供多种交付选项，这种处理临时变化的能力是最关键的。竞争环境一变再变，我们为了企业客户也要随时灵活调整。

复制 vs 客制

能够复制成功的交付是关键，我们一定要确保交付的一致性和可靠性，这样你的企业才有可能做大。但企业都觉得自己是独特的，因此量身定制的交付服务可以大大提高客户满意度和忠诚度，这对建立客户信任至关重要。所以，你不仅要完成标准化复制，也要考虑根据客户的需求提供客制。

第 13 章

关键时刻在线上

这一章我们把前面所有讲的底层逻辑运用于线上。到这里你已经建立了底层逻辑,看世界已经不一样了。你不再只用眼睛看,而是用大脑看,你的洞察产生了质的变化。

首页是电商的第一门面,所以针对线上的第一题就是,首页到底要对谁友好?

经过前面的练习,你现在应该能回答,消费者可以分成增量/存量、高净值人群/低净值人群、新手/老手、小红/小白/小黑/红转黑,还有颜值党/跟风党/参数党/性价比党等。经营线上生意,需要让所有使用者都觉得信息有感、使用容易、购买方便。

这也是做线上生意需要考虑得更全面的原因,毕竟线下有物理空间距离限制,会进到实体店的人一定有地缘上的理由,不是住附近就是在旁边上班,要不就是约了人在那里碰面。总之,人们不会没事千里迢迢去一家实体店"闲逛"。实体店能触达的消费受众是有距离限制的。

但线上不同,你不可能叫谁不要来,比如卖女性无尺码内衣,你能说这衣服比较适合小胸女生,所以叫丰满女生滑手机时不要滑到这儿吗?所以,你如果是电商就应该想到,你的首页是否对各种不同的消费者都很友好,有没有提供不同的视角。现在的技术能做到千人千面,但偏偏你的首页雷打不动只有一种,只对一种人讲话,那又怎能怪消费者一见就不进。

线上六大误区

第一个误区就是,你觉得把商品上架电商平台,有了一个专属网址,或是有一个自己的APP,就觉得自己是电商了。在我看来,这种操作等同于在大卖场放了一个货架。放货架等于做电商吗?

我这里有4道题,你不妨检查一下你所谓的"电商首页",看看4道题你中了几题:

(1)消费者认得你这家店的名字吗?

(2)产品有吸睛款、流量款、利润款或经典款吗?

(3)有没有进店必买?

(4)店的印记在哪?(核对以下十大印记,见图13-1)

系统1	印记	系统2	印记
1.	颜色	6.	品类名
2.	Logo	7.	爆品
3.	门店	8.	代言人
4.	产品外观	9.	产品名
5.	IP	10.	广告语

图13-1 十大印记

如果以上4道题的答案你都是没有,你的店就只能算一个货架!把商品标价之后上架,你卖的与别人的几乎一样。

很多做电商的都脱离不了这种货架思维,网页上光秃秃地陈列商品,赤裸裸地进行价格竞争。一般人开一家实体店还会找设计师装潢店面,弄个投射灯,把店里弄得漂漂亮亮的,不知道为什么,开个线上店就不"化妆"了。什么都不加工,就好像做邮购目录那样把东西都丢到网上,照片清晰度差得好像盗图一样,甚至有的图连别人的水印都懒得去掉,商品也没有背书,这样怎么产生溢价?

线上的第二个误区,你的美在首页的哪里被放大了?

你公司的美、品牌的美,告诉消费者了吗?很多人就是摆了一堆货,然后期待消费者自己会买。说真的,网友只要以图搜图,同样的商品一搜一大堆,因为看不出来到底有什么不同,他当然选价格最便宜的。这样一来，你真的要对自己的价格竞争力持续有信心才行。

美没有被放大，其实是一个非常严重的问题。举例来说，一个电商客户和我说，他网店里卖的东西全部提供终身质保，我第一句话就问，你的网站上怎么不讲？全部是摆货。最重要的美（和别的电商最大的差异）并没有得到强调，没有让人秒懂，美没有被透传。

线上的第三个误区，首页没有对不同人群友善。

要对消费者友善，就要协助他们用最短路径找到商品。线下实体店会用陈列、店内指引、货架路线等引导顾客找到自己要买的东西，而线上店靠的就是商品的分类、推荐、"猜你喜欢"。

线下店有物理空间的限制，摆不了太多货，但线上店理论上可以无限摆放，那么你不担心客户找不到吗？是什么让你认为消费者会想往里面慢慢翻？非常有可能消费者会跟你我一样，滑几下找不到就走了，好不容易引进的流量，只用了3秒就跑掉了。

第四个误区是，你以为开了线上店，线下店的人就会自动到线上店来逛。如果你想开一家实体店，光是店面就要找很久，要考虑人流，交通要便利，还会考虑商圈特性、客层消费力等，但到开网店时，怎么就不事先想好流量从哪里来呢？

第五个误区，也是我最常问老板的那句话，首页到底归谁管？首页流量最大，看过的人最多，会不会全部责任都在一个资历最浅的小编身上？小编和老板的管理目标、底层逻辑同步了吗？这个首页的权责归谁？用大白话讲："万一这家网店出事了，谁来扛？"这样说你就能理解这个责任应该归谁了。

第六个误区，是"分发效率"。我们都知道分发效率线下慢、线上快，线上能触达的消费者更多。但你最容易忽视的就是，在线上你的竞争对手更多。你在线下开店，竞争对手可能就是你周边的店家，同一条街可能10家就算多了，但你在线上的竞争对手可能有数百家。

以上就是线上六大误区，我总结为图13-2。

> 1. 做电商的脱离不了货架思维。
> 2. 你的美在首页的哪里被放大？
> 3. 首页没有对不同人群友善。
> 4. 以为线下店人流会自动到线上店来逛。
> 5. 首页归谁管？
> 6. 线上能触达的消费者是多，但你的竞争对手也多。

13-2 线上六大误区

所以，虽然线上流量大，但转化率超低，如果你还在吃流量红利，不关心转化，一旦流量贵到爆炸，你就会意识到转化率有多重要。

洞察 | 线上进店八问

线上和线下最大的不同,就是"进店"的效率不同。关于线上的第一个问题你就该问:风怎么吹,人怎么来?风吹印记拉增量,你的网店吹的是哪种风(见图 13-3)?

> 1. 朋友是最强的跟风。
> 2. 四大平台的台风。
> 3. 超级大V的龙卷风。
> 4. 大数据销量评分的人造风。
> 5. 竞争对手吹的妖风。
> 6. 事件的热点风。

图 13-3 网络商店吹的是哪种风?

第二问,应针对首页,你的首页友好吗?有对标不同的消费者吗?前面提过的增量/存量、高净值人群/低净值人群,新手/老手,小红/小白/小黑/红转黑,还有颜值党/跟风党/参数党/性价比党,都要有明确对标。首页一定要面对所有人,对不同消费者传递不同的标题和内容。最怕的就是你只对一种人友好,其他人进店后滑几下,发现好像没有想要的就走掉了。

第三问,我提醒大家用系统1与系统2来看,"颜色"是系统1的关键。所以你的网店主色系是什么?印记在哪里?你的辨识度？想想看，你开一家实体店，会想办法把它变得很漂亮，在线上就应该花一样的精力，把网店的门面弄得有辨识度，让消费者一见就难忘，还没买就觉得"这家店真特别，一定要点进去逛逛"。同时别忘了，不要线下店弄得很高级，线上店就是个光秃秃的货架，这样就无法与消费者的心智相连，就是没有"魂体合一"。

第四问，锚在哪里？如果不想拼价格，想变高级，就要有溢价，就必须利用锚定效应提升自己的品牌，所以你的锚在哪里？想卖得贵，这是非常重要的底层逻辑。如果目标是想要吸睛，那么你的"熵"在哪里？消费者在线上的时钟更快，注意力更短，如果你做电商没有锚，又没有熵，还不吹风，那生意就难做了。

第五问，首页消费者点击了哪里，哪里不点？一定要花时间研究判断，时时调整改善。这与经营管理一家实体店一样，开店会计算坪效、移动货架、改善摆设，网店首页当然不能万年不改。但你知道消费者为什么不点击，又或者为什么点击吗？存量点击哪里？增量在看哪里？图怎么改？文字怎么写？这些问题回答不出来，网站迭代就会有问题，效率就会很低。

第六问，4种产品在哪里？4种产品就是吸睛产品、流量产品、利润产品和经典产品，它们有不同的目的。

有吸睛产品你才会被关注，有流量产品你才有大增长，有高频利润产品你才能获利，有经典产品才是做品牌。所以，你清楚自己线上店的产品组合吗？利润产品是不是藏在里面，消费者根本没看到？

我有时在脸书上被广告吸引，觉得这东西很有趣，想看看卖多少钱，不太贵的话就买来试试，结果广告点开却链接到网店首页，首页上有100种商品，就是没有看到广告商品，我最讨厌这种设定了，我会直接离开。

我大概可以猜到这类广告是想让人从首页进店，进而看到丰富的商品陈列，但这跟标题党用诱饵标题骗点击量有何区别？流量浪费掉不说，还一秒激怒消费者，"浪费我的时间"。

吸睛和流量产品就应该摆在最上层，消费者点了广告进店，当然是先让他一键完成交易，心智"预售"变成心智"即售"效率才高。还有，在网店中你的吸睛、流量、利润、经典4种产品，各要完成什么任务？是带客进店，还是完成首单交易？要协助消费者消除障碍，直达目标。

第七问，产品的美以及更新迭代能让人秒懂吗？品牌或厂商花了时间资源进行产品的更新设计，这些优化、改良消费者是不是能秒懂，还是以为买的都是老款？这些都需要在网页上更有效地传达出来。

最后是线上进店的第八问，消费者能不能一进首页就充分感受到品牌信息？这家店的定位是贵还是便宜？是讲究高科技还是人文气息？是高档还是平价？我们之前对消费者所做的进店洞察，品牌轮精选出来的品牌信息，就要在首页设计上确实进行落地，如果首页无法落地品牌信息，那就是失败。因为体验设计就是要进入心智，产生行为。

线上进店八问我总结为图13-4。

> 1. 风怎么吹？人怎么来？
> 2. 首页友好吗？对标不同的消费者了吗？
> 3. 你是什么颜色，印记在哪儿？辨识度为何？
> 4. 想高级，锚在哪里？想吸睛，熵在哪里？
> 5. 首页哪里点击，哪里不点击？为什么？
> 6. 4种产品在哪里？
> 7. 产品的美、更新迭代能让人秒懂吗？
> 8. 能感受到你想传递的品牌信息吗？

图 13-4　线上进店八问

洞察 | 线上转化八问

"流量"很大程度决定了一家电商的成功或失败，但现在所有人都面临相同的压力，就是流量成本越来越贵，唯一的解决方案就是提升转化率。只要进店了就要能成交，该怎么做？就是降低选择障碍，并放大你的美。

在转化的时候吸睛产品和流量产品最重要，要让人一眼就看到。因为有吸睛产品才会让人关注，让人停留在你的网页上。但真正要下单时，流量产品才是关键。这时要好好设计首单体验，用来做转化的首购产品定价不要太贵，"甜甜价"能让人无脑下单，能很好地降低购买障碍。流量产品的利润不是最关键，先揽客进来，做好首单体验，后面再卖利润产品。

接下来看首页的类目是否符合第一性的"人、货、场"逻辑。人就是TA，货就是商品类别，再加上场景。以女性无尺码内衣为例，货逻辑就是小、中、大号（S、M、L），这些尺码的规格、材质等都属于货逻辑。人逻辑就是大胸显小、小胸聚拢、防止下垂外扩。

场逻辑就是上班穿的内衣、运动内衣、哺乳内衣。"人、货、场"符合第一性，这样才会在最大程度上对不同消费者友好，让人容易对号入座，转化率才会高。

线上转化还有一个重点，就是试用、试穿如何呈现。产品使用的好处或美感，要通过精心规划的网页设计让消费者充分感知，让他们能理解甚至去想象自己使用产品时会是什么状况。

所以,像开箱视频或照片、使用步骤的视频,正面、背面、侧面各种角度以及不同身高的穿搭照,或者鼠标移动过去模特耳朵上的耳环细节随之放大等现代互动科技,甚至模拟技术,已经能让产品试用的呈现方式趋近逼真,线上展示方法可以说充满了想象力。重点是,电商有责任代替消费者在计算机的另一端进行完整的产品体验,然后简单有效地呈现出来。

然后是在产品迭代更新、推出新系列时,消费者能秒懂吗?举例来说,iPhone15 就是比 iPhone14 新,这就是让人秒懂的事。

最后,转化最大的问题就是,电商总喜欢让消费者花时间去选择,可惜现代消费者最不喜欢的就是花时间做选择。所以"猜你喜欢"、进站必买、排行榜都是在降低选择障碍,消费者懒得选,我们就应该帮助他们做好功课,直接给答案,告诉他们买哪个好。

这线上转化八问(见图 13-5),能够很好地帮助你检查你所做的线上转化洞察有没有找到核心 MOT,之后再进行落地。

如果忘了洞察和落地的步骤,请翻阅前面的洞察 i 画布和 X 画布。

1. 小白/小黑的障碍有没有被消除?
2. 企业的美有没有被放大透传?
3. 大锚与信息增益在哪里?
4. 吸睛、流量产品有没有被一眼看到?
5. 人、货、场是第一性吗?
6. 试试看?用起来的视频或照片。
7. 新的系列或产品迭代能让人秒懂吗?
8. 懒得选,猜你喜欢、进站必买、排行榜。

图 13-5　线上转化八问

落地｜线上进店八招

线上进店要怎样落地?我用 4 句话简单总结:

<u>吹起来、锚起来、"装"起来、烧起来</u>

吹起来,就是风吹印记拉增量,要吹风;然后用上大锚,有锚定才容易让消费者买单;"装"起来,就是能让消费者"装",能"装"才会觉得值了;烧起来,才会进入私域的圈层。具体要怎么做呢?

线上操作,最怕的就是你只对一种人友好。增量/存量、新手/老手、小黑/小白/小红/红转黑,甚至高净值人群/低净值人群、颜值党/跟风党/参数党/性价比党都会来。明明现在网络技术都做得到,但你的线上沟通还是只对一种人讲话，这样沟通效率就会非常低。

我们来讲讲"线上种草"，我常常提醒电商不要只是考虑低净值人群，也要种高级草。意思就是韭菜要种，人参也要种。但人参这种高净值产品的生长期长又不好种，我不夸张地说，公司里负责种高级草的通常都会先离职，为什么？因为吃力不讨好，种高级草不会很快出成绩。

但我想提醒各位，指数级增长就是这样的，前面会有很长一段时间看不出变化，你需要累积。换句话说，种高级草不会马上有效果，数学里的指数效应前期的递增和递减都很慢，等累积到一定程度，就会出现非线性增长。什么事情都不做也一样，你不会一下子就下来，而会慢慢地、慢慢地，突然就断崖式下跌。

关键时刻　关键思维

指数效应前期的递增/递减很慢，
什么事情都不做也一样，你不会一下子就下来，
而是慢慢地、慢慢地，突然就断崖式下跌。
线上种草的内容，是 BTA 觉得值了的场景，
＋"装"的场景要用出来。

所以，高级草要持续地种，不能停。不要以为一直获得低净值人群就可以了，反正有快钱可以赚。问题是这样久了，别人会觉得你的品牌很低级，以后你产品的价格就很难提上去。

想要线上种高级草，就不要让人一眼看出来是广告。以宠物医院为例，宠物医院的形象广告很多时候就是把一个甚至一群看起来很专业的白袍医生双手抱胸的照片当成主视觉。我这样一说，大家的脑海中一定可以浮现出这种景象。但说真的，很多宣传照都是这样拍的，那么信息有何差异？完全没有熵值。

我们帮客户设计的主视觉是医生和流浪狗互动的图片，这家医院原本就一直在收容救治流浪狗。我们要植入的信息是"爱"，连街上生病的流浪狗都爱。这种要求情感的信息就是种高级草。

在线上种草时，你卖的产品要解决什么，要有指向性。种草的内容应该是BTA觉得值了的场景，十"装"的场景要出来。首页如果想改版，就要大改，要让人觉得一见不同，放大你的美，要在首页上透传品牌辨识度。首页改版最有效的方法就是改"颜色"，颜色一换，消费者立刻有感觉。

颜色＞视频＞图片＞符号＞大锚＞标题＞文字

颜色的效率最高，接下来是视频，文字的效果最差，用大量的文字根本不行。网飞曾做过实验，发现人们仅会为一个视频停留1.8秒，如果90秒内他们没有点击任何视频，很可能就会直接关掉网飞。视频如此，纯文本的点击率我想就不用解释了。

消费者在线上同时使用系统1和系统2，所以我们要用系统1更高效的方式先植入，"颜色"就是标准的系统1，所以沟通速度非常快，然后启动系统2去判断。最重要的是"锚"一定要被看见，种高级草一定要用上锚定，印记也要叠加。如果你要拍短视频，可以用上以上这些经过检验的底层逻辑。

线上进店的落地，一个重点是利用算法和大数据分析，所以"个性化推荐"也就是"猜你喜欢"，这种双向贴标能更准确地引流带入分众消费者。

还有就是精美的缩略图，根据用户的观看历史和偏好，动态生成和展示最有可能吸引用户点击的缩略图，加上"分类浏览"提供多种视频分类和筛选功能，方便用户查找特定类型的视频。到这里，根本问题就讲完了。

《2022年抖音生活服务探店数据报告》显示，有72%的抖音生活服务商家邀请过达人探店并收获订单，这些探店达人累计为抖音商家带来了295亿元的年营收，这一数字同比增长了很多倍。可以说：

"线上种草、线下消费",OMO（线上与线下融合）的商业模式已成形,探店引流的确能有效地为零售行业提供助力。

这也在提醒线上和线下都有业务的企业,一定要确保品牌信息、品牌印记在线上和线下都一致叠加,这样才能把认知变成资产。同时线上和线下都要稳定交付,才能发挥交付效率、算法效率。运用复合,享受复利。

最后讲一下,让消费者"主动搜寻"的词要来自心智,例如讲到"巧克力",那个词会是"丝滑、浓醇香"。这时我们使用"脆"这个词去赋予巧克力另外一种形象,信息立刻就变得更高熵,消费者就会一见就进。

词穷是很糟糕的事,讲到食物只会说好吃,讲到衣服只会说好看,就不会有高熵信息,没有熵值消费者就不会进店。就像过去家具我们常说"北欧风",现在要说"侘寂风"才是高熵词。

主动搜寻之外就是"被动推荐",你的首页有没有厉害的"猜你喜欢"呢？每家电商都应该非常了解消费者到底要买什么,而你在卖什么,双向贴标,精准榨干。

我把线上进店八招总结为图13-6。

> 1. 一眼不同,小改没用,颜色最有用。
> 2. 颜色＞视频＞图片＞符号＞大锚＞标题＞文字。
> 3. 打造印记,突出你的辨识度。
> 4. 对标不同的TA,进店要有吸睛产品。
> 5. 放大你的美,降低选择障碍。
> 6. 线上吹风种草,要有高级草,高级要有大锚。
> 7. 主动搜寻,词要来自心智(词穷是最大的问题)。
> 8. 被动推荐、猜你喜欢、双向贴标。

图 13-6 线上进店八招

落地｜线上转化八招

线上转化怎么落地?也就是说流量怎么变现?

分享一个小测试,某个电商网站如果有"排行榜",就具备了"货架思维";如果有"进站必买",就具备了"产品思维"。做产品的人最喜欢告诉别人他的哪个产品最厉害,最值得买,所以推荐特定产品的网站就是依照产品思维建构的。货架思维则是想告诉你,他的哪个产品卖得最好,你买就行了。一个熟练、转化有效的电商网站,答案当然是两种思维都有。不管是货架思维还是产品思维,目的都是降低消费者的选择障碍,所以"进站必买"和"排行榜"都必须有。

转化一定要有流量产品,而且要对标不同的消费者。至少要做到"黑白友好",让小黑可以买,小白也可以买。但小黑和小白的转化做法是很不一样的,你卖给小白贵的产品,他说他又不懂,不必买那么好的,第一次买个入门款试试就好。而你卖给小黑太便宜或太简单的产品,他会嫌你不够专业。所以,对小黑和小白要分开设计转化的流量产品。

还有一个转化的关键时刻,就是线下的陈列以及线上的产品分类。这种分类方法要依据第一性的"人、货、场"逻辑去设计,才能让消费者一买再买。针对增量、存量、马斯洛的需求理论,货和场景都要设计,消费者才能对标找到自己想要的。

新品要有新品专区,不同系列能否更好地呈现出来?迭代产品能否让人秒见不同?第四代、第五代、第六代就是比 X、Y、Z 好懂,苹果手机已经证明给你看了。这些都是在帮助消费者秒懂,瞬间懂得你的美,更快地找到他要买的东西。

> **关键时刻　关键思维**
>
> 转化一定要有流量产品,对标不同的消费者。至少要做到"黑白友好"。

算法能帮助消费者节省时间，不仅在转化维度，在复购维度更重要。"猜你喜欢"就是关键，一定要将消费者和产品双向贴标。

意思就是，消费者买了第一件商品，后面要有卖他第二、第三、第四件商品的规划（"再买2、3、4"），一开始就要想清楚，然后精准推送，有利润产品和经典产品让消费者买，有更好、更贵的产品让他选。做线上转化时要整体规划好。

线上所有的操作，都是要把心智"预售"变成心智"即售"，效率才是重点。

过去花很多时间做心智预售、营销宣传、广告、参展，真正成交的时间远远滞后。但线上不这么做，线上营销就是消费者今天听到你的产品今天就买。

立刻、马上、现在，这才是心智即售的高效率。同时配合"再买2、3、4"，产品一波一波被推送，这样你的LTV[①]才会高。现在每家企业的CAC[②]都在上升，但如果你的LTV/CAC比率很高，那就代表你的流量运用充分，这样你才能成为行业之王。

线上转化八招我总结为图13-7。

---

① LTV，life time value，一个用户在其生命周期内为公司贡献的总收入。
② CAC，customer acquisition cost，企业获取一个新用户的平均成本。

1. "进站必买""排行榜",降低选择障碍。
2. 转化要有流量产品,对标不同的消费者。
3. 线下陈列、线上产品分类是转化的关键时刻,依据人、货、场,让消费者一买再买。
4. 新品、不同系列,迭代产品要秒见不同。
5. 算法帮消费者节省时间,就是"猜你喜欢"。
6. "再买2、3、4":更好或更贵的产品在哪里?4种产品。
7. 首单体验要好,关键是买对东西(黑白友好)。
8. 秒懂使用后的体验(开箱、试听、试用)。

图 13-7　线上转化八招

第 14 章

MOTX 峰值引擎

我在《峰值体验》里曾以一兰拉面和米其林餐厅为例,说明 MOT 和商业模式是需要适配的。一兰拉面和米其林餐厅都是很优秀的商业模式,一个采用标准化,使企业能快速复制与扩张;一个能做价值销售,赚取超高溢价。做品牌,并不一定要把价格提上去,而是要抓对 MOT。怕就怕企业夹在中间,既没有标准化,又没办法把价格提上去,这才是问题。

不管你选择哪种商业模式,要落地 MOT 几乎都牵涉企业所有部门。我们再仔细看一次 MOT 落地的 X 画布,上面 26 个格子要做的事情,产品、业务、营销、门店、财务、管理、人事等部门,没人能置身事外。

MOT 是一把手工程

所以，我们要如何打造 MOTX 引擎，建立一个峰值体验团队呢？

第一，要确认 MOT 由谁负责，**每个 MOTX 都要有一个第一负责人**。

企业在刚开始接触"峰值体验"这套体系时都会非常兴奋，觉得这就是方向，准备大干一场，写 MOT 时全体动员、全情投入，真的写了一卡车，然后呢？没有然后了。这就是很多企业的问题，写 MOT 写得很高兴，定的都是别人来做，有的企业连名字都想不出来，要不就说老板负责。每次带工作坊，看到企业卡在谁负责 MOT 落地时，就知道这家企业问题很大。

第二，企业要落地 MOT 时都迫不及待，看到 X 画布就直接做，这是不对的，**落地 MOX，一定要从洞察开始，做出品牌轮**。品牌轮要先确定选对人、做对事、说对话。没有先做品牌轮，做 X 画布时一定卡壳，像第 5 格品牌信息你就填不出来，TA 是谁不知道，品牌个性是什么也不知道，这样一来，X 画布就没办法做了。

第三，看过 X 画布就可以知道，X 画布有好几种解读方法，如果横向解读，有一排跟 TA 有关，有一排跟产品有关，有一

X3 画布

1. 细节描述：MOT 就是那个截图	10. 哪个黄金时刻？最初、最高、最终	11. 运用心理效应：锚定/展望/框架/助推
2. 这个时刻多久？	9. 吹哪种风？6种风	12. 四大维度侧重：进店/转化/复购/推荐
3. TA是谁？ 增量、存量	8. 消费者的角色：十大障碍在哪里	13. 运用系统1或系统2？消费者是什么党
4. 美在哪里？拿什么产品交付？	7. 锚在哪里？十五锚	14. 消费者动机：七大情绪
5. 品牌信息针对哪个维度？	6. 叠加哪个印记？十大印记	15. 拟人标签：28个品牌个性标签

20. 哪个落地点？12个落地点

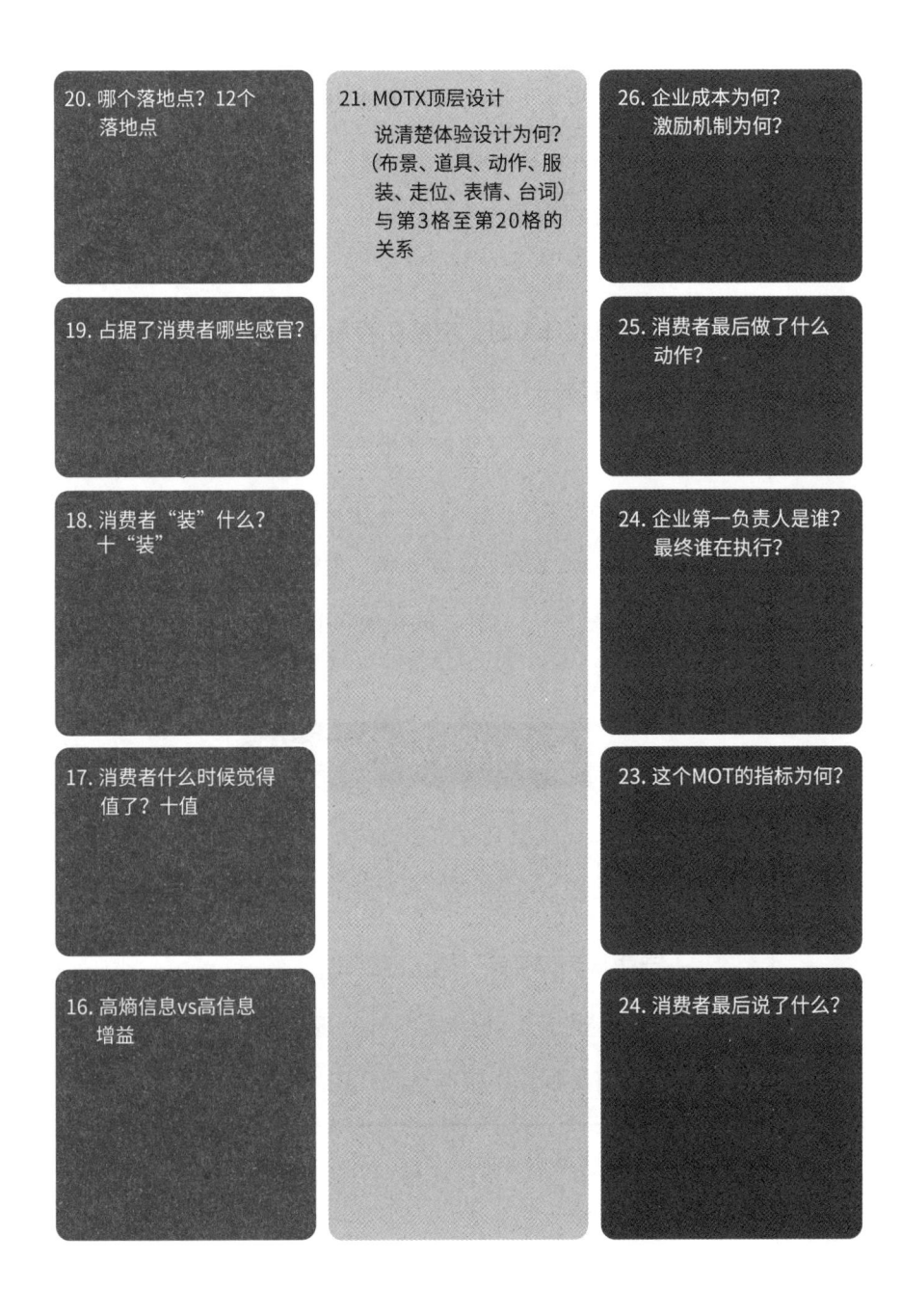

19. 占据了消费者哪些感官？

18. 消费者"装"什么？十"装"

17. 消费者什么时候觉得值了？十值

16. 高熵信息vs高信息增益

21. MOTX顶层设计

说清楚体验设计为何？(布景、道具、动作、服装、走位、表情、台词) 与第3格至第20格的关系

26. 企业成本为何？激励机制为何？

25. 消费者最后做了什么动作？

24. 企业第一负责人是谁？最终谁在执行？

23. 这个MOT的指标为何？

24. 消费者最后说了什么？

排跟信息有关。事实上，MOTX 要成功，横向组织都应该参与，因为企业需要的是"连续做对"，连续在企业里的意思就是各部门都要做对。所以选的这个第一负责人职位不能太低，太低拉不动这个横向组织。

第四，做 MOTX 时，增量和存量要分开，就是组织也要分开。这样才会真正双增长。否则企业常常就是一锅粥，看着存量想增量，但负责人觉得有存量的增长就能达标了，根本不会去想增量的增长，永远都在榨取存量。等到榨不动了，员工也离职了。建议企业要把存量变成一个组织，然后把增量变成另一个组织，要分开，这样才能实现双增长。

> **关键时刻 关键思维**
>
> 打造 MOTX 引擎：
>
> 1. 每个 MOTX 要有一个第一负责人。
>
> 2. 一定要从洞察开始，做出品牌轮。
>
> 3. MOTX 要成功，横向组织都应该参与。
>
> 4. 做 MOTX 时增量跟存量要分开，组织也应该分开。

X 画布是一张战略检查表，不是一张创意图。它在帮助你检查你的创意或设计有没有底层逻辑，具不具备商业价值，能不能植入心智并产生行为，能不能被复制。X 画布是企业共同协作的基础语言，跨部门协作一定要利用 X 画布。

不论是品牌轮还是 X 画布，都不可能一次就搞定，一定是不断地做，不断迭代。过去没有 X 画布，在创造体验设计时可以说仅凭感觉或碰运气。当你有底层逻辑时，高频不断迭代，成功就只是时间问题。就跟 ChatGPT 一样，如果底层逻辑所建的模型是正确的，数据量足够大，不断迭代，那么结果就是惊人的。所以，底层逻辑、框架模型、迭代速度就是本书的重点。

"最重要的事，就是确保最重要的事，是最重要的事。"一位老板最容易犯的错，就是把最重要的事变成不重要的事。第二个可怕的错误，就是把最重要的事交给不重要的人去做。300-10=290，如果你都已经找到了那最重要的 10 件事，就用 1 厘米宽打透 1 万米深，集中火力让它成功吧！

落地 6 件事

落地第一个关键，就是要拉齐认知。为什么要拉齐认知？因为"连续做对"才是关键。峰值体验系统是一个体系，从选对人、做对事、说对话开始，一路确保的就是要"连续做对"，因为连续做对才会产生合力效应，才会有非线性增长。

"连续"就表示很多人都必须做对，企业要落地MOT，需要不同部门的人合力，团队成员至少要先懂得什么叫MOT，有共同语言才能共享认知，才能共同协作。所以不管是上课还是读书会、看线上课程，企业内部都要先有对MOT的洞察和落地，有相同的理解认识。

举个例子，对于要做增量还是存量，公司内部的想法是一样的吗？很可能公司现在吹的是增量的风，结果业务人员摆的是存量的货。比如，街边店的橱窗应该做增量，以吸引没买过的小白进店。结果你问店里的服务员，橱窗里假人模特身上该穿什么款？服务员常常回答，"当然是现在卖得最好的""店里最热销的"。

最热销、卖得最好的意思当然是"存量"。这就是很典型的"用存量思维去想增量"，这就是为什么企业不断推出新产品，增量却没有成长，因为很有可能执行的人还是在吹存量的风（营销部门），也很有可能企业的新产品（产品部门）根本不是基于增量逻辑去做的。企业的内部认知没有拉齐，不懂存量/增量，不懂什么是"装"，什么是移除障碍，当然没有办法连续做对。

MOTX引擎要能运转启动，首要就是拉齐认知。先拉齐企业内部员工的认知，有了共同的认知和共同的语言才能协作。接着是拉齐企业所有人对消费者的认知，这就要通过消费者洞察了。

我们真观顾问在帮企业做消费者洞察时，一定会要求企业从决策者到所涉部门，全部全程参与。因为我们将消费者洞察当成拉齐认知的重要工具，利用真实的消费者访谈去打破认知，激发讨论。

企业内部一起参与消费者洞察几乎都是消费者一分享完，立刻就改变原有的认知，同频协作。所以全员参与洞察工作，拉齐认知很重要，这样做效率才高。

MOTX 要落地成功，老板要亲自带头。洞察的高度决定所有的事情，如果你把洞察当成营销部门的工作，那就错了。洞察的目的是"找赛道"，找到 300 − 10 = 290，这是战略思维，所以老板一定要自己领军。

MOT 是"一把手工程"，因为 MOT 的选择牵涉商业模式，牵涉战略布局与资源分配，甚至有可能"人事物要被大改"，没有最高领导者做决策，是不可能成功的。MOTX 落地失败的最大原因就是老板不参与。

每个 MOTX 都要有第一负责人，公司高频跟进迭代，并配套激励机制。X 画布第 26 格就是要填激励机制。我鼓励企业内部进行小规模、高频率的更新与改善，一边落实一边调整，叠加前进。奔着底层逻辑与框架去迭代、出结果，团队成员就该被认可奖励，要配上激励政策。团队成员有动机，团队有方法，业绩增长的速度才会更快。

运转 MOTX 引擎，要掌握时间拉齐认知。上课、读书会、听网课后的 21 天内最重要。赶紧做消费者洞察，然后把洞察做成 i 画布，完成品牌轮、金榜，接着做出 X 画布，在 21 天内，以上这些事情都应该做好。否则大脑认知会随着时间的推移而变模糊，不用就会遗忘。

我们不用做一堆 MOTX，酷炫、高大上但做不出来也是白搭。峰值体验设计就是重质不重量，MOT 核心就是 300−10＝290。做对事情才会产生峰值。

落地 6 件事我总结为图 14-1。

1. 一定要先拉齐认知，团队成员要先懂得什么叫MOT。请你先帮大家上课，有共同语言，才有共享认知，才能共同协作。
2. 做消费者洞察，拉齐企业所有人跟消费者的认知。
3. 没有落地的最大原因，就是老板没带头；洞察高度决定落地成果，MOT是一把手工程。
4. 每个MOTX都有第一负责人，企业要高频跟进迭代，并配套激励机制。
5. 把握结束后的21天，节点的种植需要叠加。
6. 重质不重量，酷炫、高大上但做不出来也是白搭。

图 14-1　落地 6 件事

打造 MOTX 团队

所以，你需要什么样的团队？

你要打造峰值体验，就需要能够打造峰值体验的团队。能落地金榜 MOT 的人，就是你最需要的人。

打造峰值体验团队，你需要的人必须是可以执行金榜 MOT 的人，根据金榜去找人，这种人才能有稳定交付。以前找人，看的是学历、经历，现在找人，应该看能不能完成 MOT 金榜。也就是说，聘用面试时你就该从 MOT 金榜的角度去面谈、去测试。

就拿真观顾问为例，对我们来说非常重要的 MOT 金榜就是客户访谈，这是很高频的事件。访谈计划执行速度要快，要听懂客户说什么，要能写访谈报告。所以，我们在面试新研究员时，就是做真实的客户访谈。我们可能会拿一段访谈视频，请应聘者摘录访谈重点，或者请应聘者针对特定品牌设计一个访谈计划，或者我们给应聘者一个商务情境，请应聘者现场访谈我们。

从这些过程中我们想知道什么呢？那就是应聘者是否具备倾听能力，能不能听懂客户在说什么，会不会被绕进陷阱里，有没有追问能力，对好奇的事情想不想追根究底，以及抓重点和撰写报告的能力。如果应聘者还具有一点儿测谎能力，能对客户访谈的对话保持警觉，那对真观顾问来说就是天选之才了。

有时候我们还会加上情境题，例如，应聘者已经提交一份摘要或报告，我们会跟他讲，他哪里没有听到，或哪里答得不太准确，请他重做一次。如果他再次交卷，我们看出他没懂我们的意思，他大概率就被淘汰了。

因为在真观顾问，不断迭代是一个重要的 MOT，是高频发生事件。我们必须找到天性就愿意迭代、有意打破自我认知的人。我们出报告一定会一改再改，所以听懂指导并能快速改善的人，才是能配合我们的人。这就是用 MOT 找人的方法。

要打造 MOT 团队，在 X 画布上和底层逻辑相关的横向组织都要参与。如果没有把大家都拉进来，那就有可能变成只是单一部门的事情，无法产生合力效应。当峰值体验团队建立并训练了一段时间之后，这些团队成员会变成种子，他们就是你的 BTA，回到各自部门之后，他们还可以影响更多部门的人。

最后一点，建议大家做增量和做存量的团队要分开，各自负责。如果你没有做出这种拆分，因为幸存者偏差、路径依赖、组织惰性，最后大家又回去做存量。业绩没办法达标就降价，就招呼老客户回来，扫一波业绩，没有人会认真看待增量，这样增量就很难做起来，长此以往，企业永远都别想破圈。所以我真心建议，企业要把做增量和做存量的团队拆分开，这样才会有非线性增长。

结语

以底层逻辑为节点，植入大脑；以思考框架为算法模型，加上快速迭代，是我这两年最大的心得。如同 AI 训练一样，只有通过不断的练习与迭代，你计算的能力才会越来越快，才会越来越精准。

企业最终需要打造的是一个适合 MOT 主动进化、发展的生态圈，而这个生态圈需要的不只是算力（对数据、信息的处理与输出的计算能力），还有算法（解决问题的逻辑思维）。

算法，就是资源分配、效率和节奏。你就是个行走的算法。然而，光靠人脑去联结、计算终究有极限，未来一定是个依靠算法与算力的时代。所以，如果未来还有《峰值体验 3》，我期待这一切的算法数据模型全在 AI 上实践。

简单留给你，复杂留给自己。我先从自己开始。